FACULTÉ DE DROIT DE PARIS

THÈSE POUR LE DOCTORAT

VENTE DE CRÉANCES

PAR

Paul-Émile POIREL

Avocat, né à Nancy

PARIS.

TYPOGRAPHIE HENNUYER, RUE DU BOULEVARD, 7, BATIGNOLLES.
Boulevard extérieur de Paris.

—

1856

FACULTÉ DE DROIT DE PARIS.

THÈSE POUR LE DOCTORAT

VENTE DE CRÉANCES

*L'acte public sur les matières ci-après sera soutenu,
le mercredi 5 mars, à 9 heures et demie,*

PAR

Paul-Émile POIREL,

Avocat, né à Nancy.

PRÉSIDENT : M. ROUSTAIN.

SUFFRAGANTS... { MM. PELLAT, ORTOLAN, PERREYVE, } Professeurs.
COLMET DE SANTERRE, Suppléant.

Le candidat répondra en outre aux questions qui lui seront faites
sur les autres matières de l'enseignement.

PARIS.

TYPOGRAPHIE HENNUYER, RUE DU BOULEVARD, 7, BATIGNOLLES.
Boulevard extérieur de Paris.

1856

A MON PÈRE.

A MA MÈRE.

DROIT ROMAIN.

VENTE OU TRANSPORT CESSION DES CRÉANCES.

PARTIE PRÉLIMINAIRE.

Notre but étant de traiter de la transmission par vente des créances, nous devons d'abord déterminer ce que c'est qu'une créance, et si elle est susceptible d'aliénation, ensuite ce que c'est que le contrat de vente, et s'il est translatif de propriété.

Notre patrimoine est l'ensemble de nos droits civils sur les choses de la nature [1], c'est-à-dire l'ensemble des avantages que nous pouvons retirer de ces choses pour les divers besoins de notre vie, naturelle ou sociale. La science du droit, en effet, n'envisage pas les objets de la nature dans leur composition intrinsèque, dans leurs éléments constitutifs, mais au point de vue de l'utilité qu'elles peuvent procurer à l'homme, des avantages pécuniaires qu'il peut en retirer ; et les choses, sous ce rapport, prennent le nom de *biens*. *Bona sunt quæ nos beant : beare est prodesse* (Dig. 49, *De verb. sign.*).

Droits et *biens* sont donc deux mots exprimant le même sens, autant du moins qu'on peut prendre la cause pour

---

[1] Pour ne pas parler des droits de famille, qui, eux aussi, font partie de notre patrimoine, mais qui n'ont trait que fort indirectement aux intérêts pécuniaires, les seuls dont nous ayons à traiter.

l'effet. On peut dire ainsi que notre patrimoine se compose de nos biens ou de nos droits civils à l'égard des choses.

On distingue deux sortes de droits, quant aux choses : les droits réels et les droits personnels.

Les droits *réels* sont ceux qui nous donnent sur les choses une puissance directe, qui nous mettent en contact avec elles, sans l'intermédiaire d'aucune personne. Ces droits sont, d'un côté, le droit de propriété, le plus complet de tous, qui embrasse tous les autres; de l'autre, les droits d'usufruit, d'usage, de servitude, d'hypothèque, etc., qui ne sont que des portions plus ou moins étendues de la propriété.

Les droits *personnels*, appelés aussi droits de créance, ou simplement *créances*, consistent dans la faculté que nous pouvons avoir d'exiger d'une autre personne, qui s'y est engagée envers nous par contrat, par délit, ou par tout fait analogue, une prestation quelconque dont l'objet est en définitive, dans tous les cas, une chose matérielle [1]. Le droit personnel ne donne en conséquence à celui qui en jouit (le créancier) aucune puissance directe sur la chose, actuellement du moins, mais seulement une sorte de pouvoir sur la personne obligée à la prestation (le débiteur), laquelle est ainsi un intermédiaire forcé entre le créancier et la chose. C'est là le point principal de différence entre eux et les droits réels. Remarquons aussi que les droits personnels ne se subdivisent pas comme les droits réels ; ils ont tous la même nature, la même force (aussi s'appellent-ils tous du nom générique de créances); seulement les choses ou les faits qui en peuvent faire l'objet sont susceptibles de varier à l'infini.

Ces droits réels et personnels ainsi définis, voyons s'ils sont susceptibles d'aliénation.

En raison, nul doute ; car tout droit réel ou personnel est notre bien, nous appartient en propre, la raison veut que nous en puissions disposer.

Les jurisconsultes romains, et après eux notre ancienne

---

[1] Car toute obligation porte, soit directement sur une chose qu'il s'agit de donner, ou sur un fait, ou une omission, appréciables l'un et l'autre en argent, chose matérielle, soit indirectement, sur une somme d'argent, en cas d'inexécution (1112 C. Nap.).

jurisprudence, admirent bien cette aliénabilité à l'égard des droits réels, et notamment à l'égard du droit réel par excellence, le droit de propriété. C'est qu'ils ne voyaient pas dans l'aliénation de la propriété d'une chose l'aliénation d'un droit, mais l'aliénation de la chose elle-même. Quand, en effet, nous avons le droit de propriété sur une maison, nous sommes naturellement portés à faire abstraction du droit lui-même, objet tout intellectuel, tout immatériel, pour n'envisager que la chose elle-même, la maison, l'objet corporel, matériel de ce droit. Nous absorbons ainsi le droit de propriété dans la chose sur laquelle il porte, parce que ce droit nous donne sur cette chose le pouvoir le plus absolu, le plus illimité[1], et nous disons : Telle maison est à moi, au lieu de dire juridiquement : J'ai le droit de propriété sur telle maison. Or, les jurisconsultes romains, qui semblaient croire impossible l'aliénation d'un droit d'une personne à une autre, considéraient comme une chose toute naturelle l'aliénation d'un objet matériel, et disaient en conséquence : *Nihil tam rationi conveniens, nihil tam æquius, quam voluntas domini rem suam* (c'est-à-dire dans la pensée romaine non pas le droit, mais l'objet corporel du droit, *res*), *in alium transferentis.*

Remarquons, en passant, que c'est cette identification du droit avec son objet qui explique comment on a pu, à un point de vue tout pratique, diviser notre patrimoine en choses corporelles et en choses incorporelles (entendant par les premières le droit de propriété seul, puisqu'il se confond avec la chose sur laquelle il porte, et par choses incorporelles tous autres droits aussi bien réels que personnels), bien qu'en réalité ce patrimoine ne comprenne que des droits, que des objets tout incorporels.

Mais pour les droits personnels, les jurisconsultes de Rome en regardaient l'aliénation comme impossible, sous prétexte qu'ils consistaient en un lien juridique, en une relation entre deux personnes déterminées, en un rapport tellement étroit, qu'on ne pouvait, selon eux, en changer un

[1] Sauf, bien entendu, les restrictions qu'y apporte la loi au nom de l'ordre public ou de l'intérêt général (511-515 C. Nap.).

des termes, et partant changer le créancier, sans détruire le rapport tout entier, la créance elle-même. Les commentateurs ont même été jusqu'à dire que le droit personnel était attaché à la personne, *ut caro ossibus, ut lepra corpori,* etc. Les Romains eussent sans doute aussi regardé le droit de propriété lui-même comme intransmissible, s'ils ne l'eussent considéré comme s'identifiant avec son objet ; car il consiste, lui aussi, en un rapport étroit, sinon entre deux personnes, du moins entre une personne et une chose. Et ce qui porte à le croire, c'est qu'ils étendaient cette intransmissibilité aux autres droits réels.

Mais cette idée d'intransmissibilité des droits, et notamment des droits personnels est difficile à concevoir rationnellement, puisque chacun doit pouvoir disposer de ce qui lui appartient en propre. Elle reposait d'ailleurs sur une confusion. Il y a, en effet, dans tout rapport de créance, et surtout dans les rapports synallagmatiques (où chaque partie est créancière et débitrice), quelque chose de réellement intransmissible. Quand, par exemple, je vends mon droit de créance comme associé, mon acheteur acquiert bien par là la propriété de ce droit ; mais il ne succède nullement à ma qualité d'associé, à mes obligations comme associé ; il est mon ayant cause en tout ce qu'il y a d'actif dans ma situation, mais il ne peut l'être dans ce qu'il y a de passif. On comprend, en effet, que si l'équité naturelle permet que par un simple accord de volontés, un créa puisse transférer à un autre ce qui lui appartient dan rapport de créance, et cela sans avoir besoin de l'assentiment du débiteur, elle ne peut permettre que cette personne, en tant qu'elle est débitrice, puisse, par sa volonté, se décharger de ses obligations, et les transférer à un autre, sans l'assentiment de l'autre partie, son créancier. Le débiteur n'a aucun intérêt a avoir tel ou tel pour créancier, et à faire sa prestation à l'un ou à l'autre, pourvu que le nouveau créancier ne puisse user contre lui de moyens de coercition plus violents que le premier, tandis qu'il n'est nullement indifférent au créancier à voir changer son débiteur pour un autre peut-être insolvable ou de mauvaise volonté. C'est, sans doute, cette intransmissibilité du terme passif du rapport de créance qui a préoccupé outre mesure les jurisconsultes romains, et leur a fait croire que tout le rapport était immuable.

Nous avons donc reconnu ainsi que tous droits, tant réels que personnels, étant notre bien, nous pouvons en disposer.

Toute aliénation est nécessaire ou volontaire ; nécessaire, quand elle est imposée par la loi ou par la justice ; volontaire, quand elle est faite librement par le créancier.

L'aliénation volontaire elle-même peut avoir diverses causes. Elle peut avoir lieu soit à titre gratuit, soit à titre onéreux, selon que le créancier aliénateur ne reçoit rien, ou reçoit, en retour de la chose aliénée, un équivalent en argent ou appréciable en argent. La donation est un contrat gratuit. Au nombre des contrats à titre onéreux, sont : la vente et tous contrats équipollents à vente, échange, dation en payement, etc.

Parmi toutes ces causes de transmission, l'objet de ce travail se restreindra à celle qui a lieu par vente, et seulement à la vente volontaire.

Il nous reste donc, pour terminer cette partie préliminaire, à dire quelques mots de la vente et de ses effets.

Le contrat de vente, dans l'intention des deux parties qui y concourent, est certainement translatif de la propriété de la chose vendue, droit réel ou personnel, chose corporelle ou incorporelle. L'équité, le bon sens ne veulent-ils pas que la volonté d'une personne qui veut aliéner sa chose, jointe à la volonté de celui qui veut l'acquérir, soit suffisante pour opérer la translation complète de la propriété de la chose. L'un ne veut plus être propriétaire de tel objet ; l'autre veut le devenir du gré du premier : que doit-il falloir de plus ? Or, ce concours de volontés, ce n'est autre chose qu'un contrat ; la vente est celui des contrats où cette intention des parties d'aliéner et d'acquérir est la plus énergique : la vente est donc translative de propriété.

Et cependant la législation romaine et, à son exemple, notre ancien droit français, posaient en principe absolu que nul contrat ne pouvait, par la seule force de la volonté des parties, transmettre la propriété de la chose vendue : *Non nudis pactis, sed traditionibus dominia rerum transferuntur*

(Code, 20, *De pactis*). Il fallait pour que cette translation s'opérât, outre le contrat, un acte extérieur, un fait matériel de mise en possession.

Cette théorie, si elle n'a pas pour elle la raison pure, présente du moins une grande utilité pratique. Il est, en effet, de l'intérêt de tous de connaître la valeur du patrimoine de chacun, afin qu'on puisse savoir, en traitant avec une personne, quelle garantie plus ou moins grande sa fortune peut présenter. Or, si chacun peut aliéner ses biens sans en avertir les tiers, si cette mutation de propriété s'opère instantanément par le seul effet d'un concours de volontés, le public, qui n'aura eu connaissance de cette aliénation par aucun fait ostensible, sera trompé, en ce qu'il aura tout lieu de croire que tel bien appartient encore à telle personne, parce qu'en apparence elle en est encore propriétaire, tandis que, dans la réalité des choses, elle en a déjà transféré la propriété à un autre.

Aussi est-il du devoir d'un sage législateur de prendre en main les intérêts de tous, et, écartant les principes rationnels, de déclarer sa volonté plus forte que celle des contractants ; en conséquence, de décider que l'aliénation, parfaite en raison pure par le seul effet du contrat, sera censée n'avoir nullement eu lieu à l'égard des tiers intéressés, en d'autres termes qu'elle ne transférera pas un droit absolu, c'est-à-dire opposable à tous, tant qu'un fait plus ou moins apparent ne sera pas venu révéler cette aliénation aux yeux du public.

C'est ce que nous croyons avoir été compris par la législation romaine, quand elle a exigé, pour tout transport de propriété des actes plus ou moins solennels (la mancipation ou la *cessio in jure* dans le principe, plus tard la simple tradition), bien que quelques personnes aient douté que les jurisconsultes romains se soient élevés à la hauteur de ces idées. Mais du moins est-il certain que notre ancienne jurisprudence, qui renouvela cette nécessité d'un acte extérieur, tant pour la translation de propriété des droits réels que pour celle des créances, le fit avec une intention bien raisonnée, afin d'éviter les dangers pour le public du principe rationnel de la transmission instantanée.

Après avoir ainsi défini le droit personnel ou de créance, avoir démontré la possibilité de l'aliéner; après avoir vu que cette aliénation, en pure raison, résulte du seul effet du contrat de vente, et que si les législations ne reconnaissent pas au contrat cette puissance, c'est dans un but d'utilité sociale, nous entrons dans l'étude plus approfondie de la vente des créances, de sa nature et de ses effets.

Ce travail se divisera tout naturellement en deux parties : la première consacrée à l'étude de cette matière en droit romain ; la seconde au droit français ancien et actuel.

PREMIÈRE PARTIE.

VENTE D'ACTIONS OU DE CRÉANCES

EN DROIT ROMAIN.

De actione vendita (Dig., 18, 4. — Code, 4, 39).

Nous disons vente *d'actions* ou *de créances*, parce que si les jurisconsultes romains donnaient d'une manière générale le nom d'*actio* à l'exercice de tout droit quelconque, réel ou personnel, ils donnaient tout spécialement cette dénomination à l'exercice du droit personnel, et par extension au droit lui-même, à la créance, qu'ils appellent bien souvent aussi *nomen*.

CHAPITRE I.

NOTION ET HISTORIQUE DE LA CESSION D'ACTIONS EN GÉNÉRAL.

Nous avons constaté déjà que les jurisconsultes romains ne reconnaissaient pas la transmissibilité du droit de créance. La cession des créances étant ainsi impossible directement, on avait été réduit à recourir à un équivalent, à la novation ; c'est-à-dire que le créancier qui voulait céder son droit donnait mandat à celui qui voulait acquérir la créance de stipuler de ce débiteur, qui va se trouver libéré de sa première dette, une nouvelle créance pareille à l'ancienne. Il n'y avait, à vraiment parler, dans cette novation par délégation, aucune aliénation, puisque aliéner c'est *rem suam in alium transferre*, et que la libération donnée par le créancier lui faisait perdre sa *res*, éteignait sa créance : il ne pouvait donc dès lors la transférer. Mais, du moins, dans la succession de ces deux opérations : destruction de l'ancienne créance, création d'une nouvelle au profit du cessionnaire, y avait-il l'équivalent d'une cession. Le résultat désiré était acquis, et le prétendu principe d'inaliénabilité sauvé.

Quand nous disons que le résultat désiré était acquis, cela est loin d'être vrai absolument; car ce moyen détourné de la novation avait deux grands inconvénients. L'extinction de la première créance entraînait avec elle l'extinction de tous les accessoires qui pouvaient garantir cette créance; le cessionnaire, auquel ils ne pouvaient ainsi passer *de plano*, était donc obligé, s'il tenait à les avoir comme sûretés, d'en demander la reconstitution à ceux de qui elles émanaient ; il était exposé à éprouver un refus, malveillant sans doute, mais irréparable. Et puis, cette novation exigeait le concours d'un débiteur qui pouvait, en haine de son créancier ou de l'autre partie, se refuser à l'opération, laquelle au fond cependant devait lui être indifférente.

De là, deux obstacles à la libre aliénation des créances à cette époque : c'est que les premiers Romains étaient guerriers ; l'intérêt de leur commerce, la circulation facile des valeurs était leur moindre préoccupation.

Un moyen moins pernicieux que la novation surgit cependant pour remplacer une aliénation directe prétendue impraticable.

Sur les ruines du système de procédure des actions de la loi, tellement rigoureux qu'il ne permettait à personne de se faire représenter dans les actions en justice, sauf quelques exceptions, et qui en conséquence *paulatim in odium venerat propter nimiam subtilitatem et non minima incommoda*, s'éleva un nouveau système de procéder, le système formulaire, beaucoup plus facile, et désormais *cœperunt homines per procuratores litigare*, dit Justinien au titre X, livre IV des *Institutes*.

Voici comment, dès lors, eut lieu la cession indirecte des

créances. Le créancier qui voulait céder son droit donnait à celui qui voulait l'acquérir mandat d'agir contre le débiteur. Mais tandis que les mandataires ordinaires agissent, non-seulement au nom, mais pour le profit de leur mandant, *in rem mandantis*, ce mandataire particulier était d'avance dispensé par le mandant de lui rendre compte, et devait par conséquent agir au nom du cédant, mais en son profit personnel, *in rem suam*, et garder pour lui tout le profit de l'action mandée. Aussi appelait-on ce mandataire aux fins de cession, *procurator in rem suam*. Tout le *commodum* et l'*incommodum* de l'action était pour lui.

Et quand le cessionnaire voulait en arriver à faire valoir à son profit l'action cédée, il demandait, selon l'usage, au magistrat, au préteur, une formule, sorte de permis d'agir et attributive des pouvoirs du juge : « Attendu que Paul est créancier de Pierre, que Paul a donné mandat à Jacques d'agir en son profit personnel, *in rem suam*, juge, si vous reconnaissez que Pierre est réellement débiteur, condamnez-le envers Jacques. *Intentionem sumit ex persona domini*, c'est-à-dire *mandantis, condemnationem vero in suam personam convertit.*

Voilà donc un nouveau détour imaginé pour remédier à l'impossibilité d'aliéner la créance. Ce procédé était plus commode que la novation; il n'en avait pas les deux graves inconvénients. En effet, ce mandat pouvait avoir lieu sans le consentement du débiteur et même contre son gré (Code 1, *De novationibus*). En outre, il n'éteignait pas les garanties accessoires de la créance, lesquelles partant suivaient la créance entre les mains du mandataire. Ces deux conséquences découlaient de ce qu'au fond c'était toujours la même créance qui subsistait, même après le mandat, sur la tête du mandant; le cessionnaire n'acquérait par l'opération que l'exercice du droit, la seule chose d'ailleurs vraiment utile pour lui, et qui lui procurait les mêmes avantages que s'il eût vraiment acquis le droit lui-même. Puis donc que c'est toujours la même créance, qu'elle continue de résider sur la tête du mandant, que le cessionnaire n'en acquiert que l'exercice, il s'ensuit tout naturellement, d'un côté, que la créance subsiste avec tous ses accessoires; de l'autre, que le débiteur n'a pas besoin de concourir à cette cession, puisque sa situation ne s'en trouve nullement empirée; car *nihil ei interest utrum creditori solvat, an alii voluntate creditoris* (Dig., 49, *De solut.*).

En résumé donc, toute la théorie de la cession à Rome, à cette époque, qu'elle ait lieu à titre gratuit ou onéreux, qu'elle soit volontaire ou forcée, se réduit à un mandat d'actions ; en d'autres termes, c'est une créance dont le propriétaire, faute de pouvoir l'aliéner comme droit, confie l'exercice à une autre personne, qui en retirera tout le profit.

C'est là la deuxième et dernière forme que revêtit la cession de créances, forme qui ne reproduisait pas les dangers de l'ancienne, que, d'ailleurs, les parties étaient toujours libres d'employer ; mais, pour être plus avantageux, ce deuxième et dernier procédé n'était pas encore sans inconvénient pour le cessionnaire.

En effet, de ce qu'il avait pour base un mandat, il en résultait :

1° Que tout mandat s'éteignant par la mort des parties, si le cédant venait à mourir avant que le cessionnaire fût devenu *dominus litis*, en vertu de l'instance par lui engagée, celui-ci, selon les principes rigoureux, mais bien certains du droit de Rome, était réduit à solliciter des héritiers du mandant un nouveau mandat que, strictement, ils pouvaient lui refuser ; et, à défaut d'héritiers connus, tout était perdu pour lui.

Remarquons qu'à la différence du mandat ordinaire, ce mandat pour cause de cession ne pouvait être révoqué entre-vifs par le cédant (Dig. 25 et 55, *De procur.*). C'eût été, en effet, violer les obligations résultant pour lui du contrat, vente ou donation, etc., qui était la cause de la cession, violation qui l'assujettissait à un recours par l'action née de ce contrat.

2° Le mandataire ne pouvait se faire remplacer par un sous-mandataire, et partant le cessionnaire ne pouvait faire à son tour cession de la créance qui lui avait été cédée avant d'avoir introduit l'instance contre le débiteur, en vertu de l'action mandée, en d'autres termes, avant d'avoir fait *litis contestatio. Procurator ante litem contestatam procuratorem facere non potest* (Dig. 8, § 3, *Mandati*).

C'est qu'en effet c'était un principe du droit romain que cette introduction d'instance, cette *litis contestatio* opérait, dans le droit lui-même, base de l'action, un certain changement, une sorte de novation qui, disait-on, éteignait l'ancienne créance et en créait une nouvelle au profit de quiconque intentait l'action.

Par application de ce principe, le cessionnaire qui exerçait l'action du cédant acquérait vraiment la propriété de la nouvelle créance produite par cette sorte de novation judiciaire, devenait *dominus litis*, selon les expressions des textes; mais, avant ce moment, il n'avait aucun pouvoir sur la créance, il n'en avait que l'exercice qui lui avait été confié, et ne pouvait par conséquent céder lui-même cette créance, en céder à son tour l'exercice à un autre.

3° Mais le danger le plus grand de ce mode de cession par mandat était celui-ci. Le mandat ne rendait nullement, comme nous venons de voir, le cessionnaire propriétaire de la créance, et n'éteignait aucunement le droit de propriété du créancier mandant. Celui-ci, restant ainsi maître du droit jusqu'à la *litis contestatio*, dans le cas où elle opérait novation, conservait par conséquent la faculté de disposer de la créance, d'agir valablement contre le débiteur, d'en recevoir un payement efficace [1], de transiger avec lui, de faire une novation, de le laisser opérer compensation, et même de lui accorder sa libération par acceptilation, tous actes qui eussent rendu la cession complétement illusoire. Et ces dangers, le cessionnaire avait, remarquons-le bien, indéfiniment à les redouter, quand, la novation judiciaire n'ayant pas eu lieu [2], le cédant restait indéfiniment créancier, maître de disposer de son droit. Le cessionnaire ne pouvait, dans ces

---

[1] Il était même possible que par suite d'une connivence frauduleuse entre lui et le cédant, le débiteur se hâtât, avant toute poursuite du cessionnaire, avant la novation judiciaire, de faire son payement, qui, bien que frauduleux, le libérait, puisqu'il était fait à celui qui était encore, d'après la subtilité du droit, le vrai créancier.

[2] Elle ne pouvait avoir lieu que dans les instances qui réunissaient trois conditions indispensables énumérées par Gaïus (III, 180).

cas, se dire tranquillement en possession de la créance que quand il avait obtenu une condamnation contre le débiteur, ou reçu de lui volontairement le montant de la créance.

Ces inconvénients étaient, il est vrai, un peu atténués par l'effet du recours que le cessionnaire trouvait contre son cédant infidèle, dans l'action née du contrat intervenu comme cause de la cession. Par cette action, il pouvait exiger la restitution de ce que le cédant avait obtenu du débiteur volontairement ou judiciairement, directement ou indirectement, par payement, par compensation, etc., ou lui demander des dommages et intérêts (Dig. 55, *De procur.*; 23, §1, *De actione vendita*). Mais il pouvait trouver son cédant insolvable, sans avoir pu prévenir ce préjudice.

Il fallait donc, sans éteindre le droit de propriété du mandant, ce que la rigueur des principes, toujours respectés, n'eût pas permis, paralyser les conséquences fâcheuses de ce maintien du droit aux mains du cédant, et assurer ainsi la position du cessionnaire.

En l'an 240 fut rendue, dans ce but, par l'empereur Gordien, une constitution qui forme la loi 3, *De noval.* au Code. Elle défendait au cédant de recevoir un payement volontaire du débiteur, ou de l'actionner dans un des cas suivants :

1° S'il y a eu instance engagée par le cessionnaire : ici l'empereur n'innovait point, et ne faisait que rappeler un point de droit déjà reconnu.

2° Si le cessionnaire a déjà reçu une partie quelconque de la dette.

Dans ces deux cas, on peut dire qu'il y a eu, de la part du débiteur, reconnaissance volontaire de la cession : dans le premier cas, en défendant à l'action ; dans le deuxième, en payant.

3° Si le cessionnaire a fait connaître la cession au débiteur par un acte exprès (*denuntiaverit*) contenant défense de rien payer désormais au cédant.

Si delegatio non est interposita debitoris tui (nous avons vu en effet que quand il y a novation, l'ancien créancier n'a plus aucun droit ; le cessionnaire ne peut plus craindre des actes do maître de sa part) *ac proptera actiones apud te remanserunt, quamvis creditori tuo adversus eum solutionis causa mandaveris actiones, tamen, antequam lis contestetur, vel aliquid ex debito accipiat, vel debitori tuo denuntiaverit, exigere a debitore tuo debitum non veraris, et eo modo tui creditoris exactionem contra eum inhibere.*

Ces trois moyens, le dernier surtout, qui était l'innovation importante, permettaient au cessionnaire de lutter d'empressement avec un mandant de mauvaise foi, et d'arrêter ainsi toutes les conséquences funestes pour lui des actes frauduleux de celui-ci.

Quand un de ces trois faits avait eu lieu, si le débiteur payait au mandant soit volontairemet, soit sur ses poursuites, ce payement, en vertu de la constitution, ne le libérait pas, et le cessionnaire pouvait en conséquence exiger un nouveau payement. — Mais sur les poursuites du mandant, le débiteur, au lieu de payer, pouvait, se prévalant de la constitution, lui répondre que les actions ne lui appartiennent plus, et que lui débiteur ne veut pas s'exposer à payer deux fois.

Mais s'il n'était survenu aucun de ces trois événements, le créancier avait le droit d'exiger le payement et de paralyser ainsi les poursuites ultérieures du cessionnaire, auquel le débiteur pourra alors répondre qu'il est en faute de n'avoir pas dénoncé la cession.

Nous avons parlé d'un acte de dénonciation, et nous avons, par ces seuls mots, tranché une vive controverse qui s'était élevée entre les anciens interprètes du droit romain, et qui semble bien, si peu elle a de bases sérieuses, avoir été soulevée dans un pur esprit de contradiction et d'amour-propre. C'était le point de savoir si le verbe *denuntiaverit* de la constitution de Gordien n'implique qu'une simple connaissance de la cession acquise d'une manière quelconque, ou s'il indique la nécessité d'un acte formel de dénonciation émané du cessionnaire. Il eût suffi, ce nous semble, de lire, sans parti pris d'avance, cette partie de la constitution, pour se convaincre de la manière la plus certaine que le sujet du verbe *denuntia-verit* ne peut logiquement être que celui du verbe précédent, c'est-à-dire le cessionnaire. N'est-il pas d'ailleurs fort naturel et conforme au bon sens que toute législation exige qu'un cessionnaire donne quelque publicité au droit qu'il a acquis, s'il veut se prémunir contre toutes les manœuvres frauduleuses, ou même contre tous les faits d'ignorance qui pourraient y porter atteinte.

Voilà ainsi écarté, par ce rescrit, le danger qui pouvait résulter pour le cessionnaire des actes de maîtrise d'un cédant peu délicat. Désormais, le cessionnaire devra ne s'en prendre qu'à lui s'il souffre de ce côté : il pouvait, par une prompte *denuntiatio*, éviter tout danger.

Mais restait encore cet autre inconvénient que nous avons signalé, et résultant de l'extinction de tout mandat par la mort de l'une des parties. En effet, la *denuntiatio*, même faite avec la plus grande diligence, ne donnait pas au cessionnaire un droit propre, n'entraînait pas pour lui le pouvoir de se substituer un autre cessionnaire, et ne rendait pas le mandat irrévocable et transmissible aux héritiers.

Or, les conséquences de cette révocabilité étaient que : si le cédant mourait, avant la *litis contestatio* bien entendu[1], sans laisser d'héritiers, le mandat était éteint et tout était, sans ressources, perdu pour le cessionnaire ; s'il y avait des héritiers, il était réduit à solliciter d'eux un nouveau mandat qu'ils pouvaient lui refuser ; et, l'eût-il obtenu, il y avait pour lui dans ces démarches un grave assujettissement.

Si c'est le mandataire qu'on suppose décédé (toujours, rappelons-le nous, avant la *litis contestatio*), ses héritiers se trouvaient ne pouvoir agir contre le débiteur sans avoir obtenu un nouveau mandat.

Ces inconvénients trouvèrent leur remède dans une institution très-importante de la législation romaine.

Les préteurs, dès qu'ils furent institués, avaient remarqué dans les rigueurs excessives de l'ancien droit de Rome

---

1 Quand la *litis contestatio* avait déjà eu lieu avant le décès de l'une des parties, il n'y avait plus pour le cessionnaire aucun danger à craindre ; il était devenu, par elle, *dominus litis*, capable de transmettre son droit, et maître de se substituer un *procurator* et par tant de faire lui-même une cession (C. 8 et 11, 22 et 23, *De procurat.*).

la source d'une foule de résultats iniques, *justum sæpè erat iniquum* : entre autres des refus d'actions dans une foule de circonstances où l'on eût dû pouvoir agir. Ils imaginèrent alors, avec cet esprit de réformation créatrice qui caractérise leurs travaux, d'instituer des actions nouvelles à l'image de celles que donnait le droit civil, et tandis qu'ils appelèrent les anciennes actions *directes*, ils donnèrent à celle-là le nom d'actions *utiles*, c'est-à-dire créées *utilitatis, æquitatis ratione*.

Or, dans la matière qui nous occupe, les préteurs ou les empereurs, à leur exemple, trouvèrent inique et contraire à l'intention des parties que le cessionnaire ou ses héritiers fussent déchus dans bien des cas du droit d'agir. En conséquence, sans abroger en droit les principes qu'ils feignaient toujours de respecter pour ne pas choquer les vieilles traditions, ils détruisirent les conséquences fâcheuses de ces principes, en donnant au cessionnaire ou à ses héritiers, selon les cas, une action utile, qui leur permît d'exercer efficacement la créance cédée, quand l'action née du droit civil était éteinte.

Ce fut dans l'espèce d'une vente d'hérédité qu'Antonin fit la première application à la cession des actions utiles créées par les préteurs (Dig. 16, *De pactis.* — Code 5, *De act. vend.*). Déjà d'ailleurs le sénatus-consulte Trébellien avait, dans un cas analogue, accordé au fidéicommissaire les actions utiles, tandis que les directes, par respect pour les principes, restaient chez le fiduciaire ou grevé de substitution. Ce ne fut que par analogie qu'Antonin accorda l'action utile à l'acheteur d'hérédité.

Cette voie une fois ouverte, les jurisconsultes accordèrent au créancier qui a reçu une créance en gage une action utile pour agir contre le débiteur de la créance engagée (Code 7 *De hered. vend.* — 4, *quæ res pignori*). La jurisprudence ayant en effet admis la possibilité de donner en gage une créance, comme on engage les choses corporelles, il fallut bien, pour ne pas laisser ce gage illusoire, donner à celui qui l'a reçu le droit, s'il n'était pas à l'échéance payé de son débiteur engagiste, d'agir contre le débiteur cédé, ou de pouvoir faire cession de cette créance engagée, pour le prix lui tenir lieu de payement. Or, pour un cas comme pour l'autre, il lui fallait l'action utile ; dans le premier, cela va de soi, puisque sans elle il n'eût eu, d'après le droit civil, aucun droit sur le débiteur cédé ; dans le deuxième, elle lui était nécessaire aussi pour pouvoir transmettre quelque droit à son cessionnaire, puisqu'il était de principe strict que nul mandataire ne pouvait céder les actions directes avant d'être devenu, par l'introduction d'instance, *dominus litis*.

Dès lors, et par une extension toute naturelle, l'action utile dut être donnée à l'acheteur d'une créance, car il ressemblait beaucoup au créancier qui avait reçu une créance en gage, et elle lui fut surtout utile en cas d'extinction de son mandat.

Elle fut ensuite accordée au mari pour le recouvrement des créances constituées en dot (Code 2, *De obl. et act.*) à celui qui a reçu une créance en payement, car il est comme un acheteur de créances. Enfin aux légataires de créances.

Remarquons que dans beaucoup des cas que nous venons de citer, les actions utiles étaient concédées à des personnes qui n'avaient reçu aucun mandat. On les accorda en conséquence bientôt à quiconque une créance avait été promise, n'eût-il pas été constitué *procurator in rem suam*. Le droit à les exercer naquit dès lors pour lui au moment même où les parties avaient réciproquement manifesté l'intention, l'une d'aliéner, l'autre d'acquérir une créance. L'action utile fut donc désormais acquise, comme si la manifestation de cette intention avait été suivie d'un mandat, *actio utilis quasi ex mandato*. En sorte que quand le mandat avait été donné, par excès de précautions, puisqu'il n'était plus nécessaire, l'acheteur avait le choix entre l'action directe qui naissait au moment de la constitution de mandat, et l'action utile née avant l'autre dès l'instant où les deux volontés des parties avaient concouru dans le but d'opérer une cession.

Une seule cause de cession resta encore longtemps privée du secours de l'action utile ; c'est la donation de créance. Ce fut Justinien seulement qui, en faisant disparaître cette anomalie, rendit ainsi générale l'application des actions utiles à tous les cas de cession à titre gratuit ou onéreux (Code 33, *De donat.*).

Quant à la véritable portée des actions utiles dans notre matière, laissant de côté toutes les controverses élevées à ce sujet parmi les interprètes anciens, nous croyons y voir tout simplement, sous une dénomination scientifique, nécessaire pour le respect des vieux principes, la consécration de la théorie rationnelle de la transmission instantanée de la propriété de la créance, opérée *solo consensu*.

C'est-à-dire, en d'autres termes, que dès lors, le mandat, s'il n'est plus nécessaire de le donner expressément, est implicitement compris dans l'intention d'aliéner la créance et son émolument utile.

Nous avons annoncé, dans notre partie préliminaire, que notre intention était de borner nos développements à la cession volontaire des créances. Nous ne dirons donc rien dans les chapitres suivants des effets des cessions *nécessaires*, c'est-à-dire de celles imposées par la loi à certaines personnes, *utilitate suadente :*—soit directement, même sans aucune réquisition, par exemple au cotuteur condamné au tout envers le pupille, à raison du fait de son cotuteur, ou à raison de leur gestion commune, — soit par l'intermédiaire du juge sur réquisition ou même d'office :

1° Aux cohéritiers quand le juge de l'action en partage, *familiæ erciscundæ*, reconstitue, en la mettant au lot d'un seul, une créance héréditaire divisée par la loi au moment du décès.

2° Au créancier qui reçoit le tout d'une personne tenue, accessoirement avec d'autres, de la dette d'autrui (fidéjusseur, tiers détenteur poursuivi par l'action hypothécaire, *mandator pecuniæ credendæ*, etc...). Le payement fait par ce coobligé est considéré comme le prix de la vente que le créancier payé lui consent de la créance ; aussi la cession ne peut-elle plus être requise, en général, ni après le payement volontaire ni après la *litis contestatio*, qui, l'un et l'autre, épuisent le droit d'action du créancier.

3° Au gérant d'affaires et au mandataire obligés, si le maître le requiert, de céder à celui-ci toutes les actions acquises par eux dans l'exercice de leurs fonctions ; car rappelons-nous que le mandataire, à Rome, bien qu'agissant au nom du mandant, le faisait à ses propres avantages et risques, sauf à rendre compte ensuite au mandant.

4° Au débiteur d'une chose qui a acquis quelque action à l'occasion de cette chose, etc...

CHAPITRE II.

EFFETS DE LA VENTE DE CRÉANCES.

Jusqu'ici nous ne nous sommes occupé de la cession et de ses effets que d'une manière générale, sous le seul point de vue de son développement historique. Nous avons complétement laissé de côté ce qui concerne la cause génératrice de la cession.

Nous allons maintenant décrire spécialement les effets de la cession quand elle a pour cause le contrat de vente, et nous considérerons ces effets tant entre les parties contractantes qu'à l'égard du débiteur dans ses rapports avec chacune d'elles.

SECTION I.

OBLIGATIONS RÉCIPROQUES DES PARTIES.

Le contrat de vente à Rome n'opérait pas le résultat qu'eussent voulu obtenir les parties, c'est-à-dire la transmission de la propriété de la créance, il se bornait à créer des obligations réciproques.

§ 1. — *Obligations du vendeur.*

Elles consistaient à : 1° *tradere rem ;* 2° *præstare rem licere habere.*

1. Obligation de *tradere*. — Son étendue.

A Rome, où les contrats ne créaient que des obligations et ne transportaient à l'acheteur aucun droit sur la chose, toute cession, du moins jusqu'à la création des actions utiles, exigeait deux opérations successives; d'un côté un contrat qui produisait chez le vendeur l'obligation de céder l'action; de l'autre un acte qui fût l'exécution de cette obligation.

Ainsi quand deux parties étaient convenues de faire une cession, moyennant un prix, il y avait là contrat de vente.

L'obligation du vendeur consistait à mettre l'acheteur à même de prendre possession de l'objet vendu, de la créance, de manière à pouvoir en retirer toute l'utilité dont elle est susceptible et qu'en eût pu retirer le vendeur lui-même. Il ne s'engageait nullement à transférer à l'acheteur la propriété de la créance, résultat impossible à atteindre dans l'esprit des jurisconsultes romains, mais à lui faire avoir l'équivalent du droit lui-même, c'est-à-dire le bénéfice, l'émolument de ce droit.

Pour exécuter cette obligation de *tradere rem*, le vendeur n'avait, dans l'origine, qu'un seul moyen, la novation. Nous en avons vu le caractère et les inconvénients. Il n'y a pas, pour cette époque, à parler des obligations du vendeur quant aux accessoires de la créance, puisque précisément c'était leur extinction qui était le grand danger de ce mode d'exécution.

Plus tard l'exécution de l'obligation de céder consista à donner à l'acheteur mandat d'exercer l'action laquelle continuait, en droit, à reposer sur la tête du cédant, même après la cession. Ce mandat devait s'étendre aux actions accessoires que le créancier pouvait avoir contre tous *intercessores*, fidéjusseurs, détenteurs d'objets hypothéqués ou donnés en gage. Quant aux objets eux-mêmes, qu'il détenait comme gages, le cédant devait les livrer à l'acheteur.

Il devait lui livrer non-seulement toutes les sûretés qu'il avait au moment du contrat de vente, mais même celles qu'il a obtenues depuis. Car cette cession, exécution de l'obligation de *tradere*, doit faire succéder l'acheteur à tous les avantages de la situation qu'avait le cédant, mais aussi réciproquement à tous les désavantages qui grevaient cette position. *Emptor neque plus neque minus juris habere debet, quam apud venditorem futurum esset.*

Il résulte de là que le vendeur, s'il veut accomplir entièrement son obligation de cédant, doit restituer à l'acheteur tout ce qu'il a reçu du débiteur, soit directement par un payement, soit indirectement par compensation (Dig. 23, *h. t.*), et lui fournir tous moyens de prouver la créance principale et les garanties accessoires, lui remettre tous les titres, etc.

La création des actions utiles restreignit, comme nous l'avons déjà vu, ces obligations, puisque le vendeur fut dès lors dispensé de donner à l'acheteur l'exercice des actions principales et accessoires ; ces actions lui passaient par le seul contrat de vente, qui désormais contenait implicitement la dation du mandat. A partir de cette époque l'obligation du vendeur de créances se réduisit à la remise des titres et des gages et à la restitution des sommes reçues en payement par voie directe ou indirecte.

Remarquons, en terminant, que les obligations du vendeur ont pu, à toutes les époques, être modifiées, étendues ou restreintes par un pacte, par des conventions accessoires, comme le disent plusieurs textes de nos deux titres : *nisi aliud actum est*, ou autres expressions analogues.

II. Obligation de *licere habere*. — Garantie.

L'obligation de *præstare* s'appliquait à toutes cessions à titre onéreux ou à titre gratuit, à peu près avec la même étendue.

Mais l'obligation de garantie n'a lieu que dans les conventions à titre onéreux, et notamment dans le contrat de vente.

Elle consiste, en général, dans la vente, à indemniser l'acheteur de tous les troubles qu'il pourra ressentir dans la possession libre, dans la jouissance de l'objet vendu.

Si on appliquait ces principes à la vente spéciale des

créances, il en résulterait que le vendeur devrait répondre à l'acheteur de la solvabilité actuelle et future du débiteur et des obligés accessoires, ainsi que de la suffisance de toutes les garanties de la créance ; car l'insuffisance, l'insolvabilité sont certes bien des troubles apportés à la jouissance du droit cédé.

Mais on a admis exceptionnellement qu'en matière de vente de créances le vendeur a suffisamment rempli son obligation de garant, quand le droit qu'il a vendu existe réellement, quand il y a véritablement un droit d'action contre tel débiteur, et que c'est à lui cédant que ce droit appartient. *Venditor nominis præstat nomen esse.*

C'est à cela que se borne l'obligation de garantie, soit que le montant de la créance n'ait pas été déterminément indiqué dans le contrat (car on peut vendre une créance indéterminée quant à son *quantum*, sans que pour cela la vente soit aléatoire, c'est-à-dire incertaine quant à son existence), soit qu'il y ait eu indication précise de la somme due. Seulement, dans ce dernier cas, le vendeur doit garantir que la créance existe jusqu'à concurrence de cette somme. *Si certæ summæ debitor dictus sit, in eam summam tenetur venditor.* (Dig. 5, *h. t.*).

Les conséquences de l'obligation de garantie du vendeur de créances sont que, s'il n'y a pas du tout de créance, le contrat étant nul faute d'objet, le vendeur est tenu à restituer le prix s'il lui a été payé, et aux dommages et intérêts de l'acheteur, *si incertæ, et nihil debeat, quanti inter sit emptoris (eod.).* Ce sera, non par l'action *empti,* puisqu'il n'y a pas de vente valable, mais par la *condictio sine causa* que se fera cette répétition du prix ; car l'acheteur n'a payé que pour avoir une créance, but qu'il n'a pas atteint. Les dommages et intérêts seront demandés par l'action subsidiaire et extrême *de dolo.* — S'il existait une créance, en droit civil strict, mais que le débiteur ait fait valoir une exception, un moyen de défense péremptoire, qui ait paralysé l'action, la vente étant alors valable selon la subtilité des principes, ce sera dans l'action de bonne foi née de la vente que seront réclamés le prix et tous les dommages et intérêts auxquels a droit l'acheteur pour cette vente qui, selon les règles de l'équité, est pour lui sans objet, ou dont l'objet est trop peu sérieux. Car quelle différence y a-t-il au fond entre une créance complétement inexistante et une créance qu'un mot du débiteur a suffi à annuler. *Creditores esse constat eos quibus debetur, sed sine ulla exceptione.*

Toutefois, ces dommages et intérêts ont pu être fixés à l'avance pour le cas où ils seraient dus, soit dans un pacte, soit dans la *stipulatio* dite *duplæ*. C'était un moyen d'éviter les chances, et en tous cas les difficultés d'une appréciation faite par le juge.

Voilà ce qui concerne la seule garantie qui était *de la nature* de la vente de créances, en d'autres termes *la garantie de droit*. Elle ne rendait, nous venons de le voir, le vendeur responsable que de l'existence de la créance. Quand cette créance existait, l'acheteur ne pouvait donc aucunement se plaindre, lors même qu'ayant exercé immédiatement et sans le moindre retard ses poursuites, il a trouvé le débiteur complétement insolvable. *Venditor nominis non præstat debitorem idoneum.* La créance, le droit d'agir existaient, c'est tout ce que devait le vendeur.

Quant aux sûretés accessoires, la responsabilité du vendeur avait le même caractère, n'avait pas plus d'étendue. Il ne garantissait, *de droit*, que l'existence de ces sûretés, mais nullement leur efficacité, ni la solvabilité des obligés accessoires (Dig. 74, § ult., *De evict.*).

Tel est le droit commun de la garantie, quant à son étendue, en matière de vente de créances. Mais les parties pouvaient, par des pactes accessoires, augmenter ces obligations. Elles pouvaient même y ajouter encore des restrictions et même supprimer complétement toute responsabilité de l'inexistence même de la créance. Ainsi le vendeur est libéré de toute espèce de garantie, même de celle de droit, quand il a déclaré vendre la créance *telle qu'elle est;* il a fait ainsi une vente aléatoire, qui ne l'oblige même pas à restituer le prix, si la créance n'existe pas; car alors ce prix est censé, dans l'intention de l'acheteur, représenter l'éventualité du droit, l'*incertum juris.*

Le vendeur peut aussi, quand il vend non pas un *incertum*

juris, mais bien telle créance contre un tel, ajoûter la clause *ne de evictione teneatur*. Alors, si cette créance n'existe pas, en d'autres termes si l'éviction a lieu, le vendeur est déchargé, par l'effet de la clause, d'indemniser l'acheteur du *id quod interest*, mais il est tenu à la restitution du prix, s'il l'a reçu; car la nature des contrats de bonne foi ne comporte pas qu'une partie n'obtienne pas la chose, et ne puisse cependant en réclamer l'équivalent qu'elle a fourni. (Dig. 11, § ult., *De act. empti.*). — A moins, toutefois, qu'il ne soit prouvé que l'acheteur, sachant fort bien que le vendeur n'avait pas la chose, n'ait voulu lui faire donation du prix à tout événement. *Cujus per errorem dati repetitio est, ejusdem consulto dati donatio* (Dig. 53, *De reg. juris*).

Réciproquement, le vendeur a pu s'engager, par un pacte accessoire, à répondre de la bonté de la créance ou des garanties à l'époque de la vente. Dans ce cas, si le cessionnaire, agissant sans retard, ne peut se faire payer, il recourra contre son cédant, en vertu de la clause. Mais si l'acheteur laisse, par sa négligence à agir, le débiteur devenir insolvable, tout recours lui est fermé (Dig. 96, *De solut.*, § 9).

Le cédant peut même s'obliger à garantir la solvabilité future. Mais remarquons bien que toutes ces clauses, dérogatoires à la garantie de droit, sont de rigueur, et doivent être strictement interprétées.

En dehors de toute convention particulière, en dépit même de toute stipulation contraire, le vendeur est tenu de son dol; et si l'acheteur peut prouver quelque fraude au moment du contrat, il pourra, dans l'action *empti*, réclamer des dommages et intérêts.

§ 2. — *Obligations de l'acheteur.*

La principale était de fournir au vendeur le prix de la cession, à l'époque et au lieu convenus.

Mais il pouvait être tenu d'autres obligations. Par exemple, quand une constitution vint créer pour tout détenteur actionné en revendication l'obligation de déclarer au nom de qui il détenait la chose (*laudatio domini*), afin que le revendiquant pût mettre en cause ce vrai intéressé, et prévenir ainsi des difficultés ultérieures; — elle dut s'appliquer au cessionnaire, auquel son vendeur avait livré le gage qui accompagnait la créance. S'il faisait cette *laudatio*, il était déchargé de toute responsabilité à l'égard du propriétaire du gage au cas d'éviction, et il conservait l'action personnelle *pigneratitia* contre la personne qui avait ainsi engagé la chose d'autrui, et subsidiairement il avait l'action *ex empto* contre son vendeur. Si, au contraire, n'ayant pas rempli l'obligation imposée par cette constitution, il était évincé, il perdait ainsi tout recours en garantie, et se soumettait de plus à l'action en indemnité de celui qui avait livré le gage.

SECTION II.

EFFETS DE LA VENTE ENTRE LE CRÉANCIER VENDEUR ET LE DÉBITEUR.

Nous n'avons qu'à résumer en deux mots ce que nous avons dit dans notre premier chapitre.

Nous avons vu que la vente d'actions, suivie ou non d'un mandat, n'altérait en rien les rapports du créancier vendeur avec le débiteur; que le droit de créance, malgré la cession, continuait à reposer sur la tête du cédant. Conservant ainsi la propriété de la créance, il conservait le droit d'en disposer à son gré, même aux dépens du cessionnaire, lequel, perdant ainsi tout son droit, n'avait qu'un recours le plus souvent illusoire contre son vendeur infidèle qui avait abusé d'un droit que les principes rigoureux lui reconnaissaient encore.

Nous avons dit aussi que le cessionnaire ne devenait maître de la créance que par la seule *litis contestatio* dans le principe; plus tard, par tout payement partiel à lui fait par le débiteur, ou par une *denuntiatio* qu'il avait eu soin de lui faire de la cession. Chacun de ces trois événements faisait en même temps et par conséquent perdre au vendeur tous ses droits.

SECTION III.

EFFETS DE LA VENTE DE CRÉANCES, EN GÉNÉRAL DE TOUTE CESSION, ENTRE LE DÉBITEUR ET L'ACHETEUR.

Nous entrons ici dans la partie la plus importante de nos développements sur les effets de la cession à Rome. Mais les principes que nous allons examiner dans cette section ne sont plus spéciaux à la matière de la vente de créances. Ils s'appliquent à toute cession, quelle qu'en soit la cause.

La cession conserve au débiteur vis-à-vis du cessionnaire la position qu'il avait à l'égard du cédant ; et cela, soit qu'on y voie un mandat exprès ou tacite, comme à Rome, soit qu'on la fasse consister, comme notre Code, en une succession, en une vraie transmission du droit. Le motif en est que le débiteur ne concourant pas à l'opération, ne doit pas voir empirer sa position, ses obligations, sans son consentement.

Il en résulte que le débiteur : 1° pouvait opposer au cessionnaire toutes les exceptions qu'il eût pu valablement opposer au cédant, celui-ci n'ayant pu céder son droit que tel qu'il l'avait, et avec la charge des exceptions qui pouvaient le restreindre ; le cessionnaire est obligé de l'accepter tel ; 2° mais aussi le débiteur ne pouvait user à l'égard du cessionnaire de nouvelles exceptions nées, à l'égard du cédant, depuis le moment où celui-ci a perdu son droit ; comme par exemple, celle que tirerait le débiteur d'un payement fait au cédant depuis qu'il est survenu un des trois événements dont nous avons parlé.

Tel est le principe général. Mais voyons-en, en détail, l'application aux différentes classes d'exceptions. Or, quant à leur origine, le débiteur peut les tirer :

1° Soit de la nature même de la créance ;
2° Soit de la personne du cédant ;
3° Soit dans celle du cessionnaire ;
4° Soit dans sa propre personne.

I. Il est certain que toutes les exceptions nées *ex ipsa*

nominis causa, le débiteur pourra toujours les opposer au cessionnaire, car la cession n'a pu changer la *causa,* la nature de la dette. Si, par exemple, la promesse faite par le débiteur lui a été arrachée par violence, il pourra opposer l'exception de violence, *metus.*

II. Quant aux moyens tirés d'un fait du cédant, d'une acceptilation, d'un pacte de remise fait par lui, ou d'une compensation opérée entre lui et le débiteur, etc..., celui-ci les pourra opposer à l'acheteur; car ils se sont, en quelque sorte, du jour de leur naissance, attachés à la créance.

Mais il faut que le fait qui a donné lieu à l'exception soit antérieur au moment où le cédant a perdu tous ses droits conformément à la constitution de Gordien; car, si elle a une cause postérieure, elle ne peut être opposée efficacement, puisque le cédant n'avait plus alors le pouvoir de procurer au débiteur sa libération totale ou partielle, ni directement par un payement, ni indirectement par un fait quelconque pouvant donner lieu à une exception péremptoire.

Remarquons, avec Voët, que peu importe que la compensation soit opposée par le débiteur du chef d'un premier ou d'un deuxième cédant. Exemple : Primus cède sa créance contre Paul à Secundus, et celui-ci la revend à Tertius. Quand Tertius agira, il pourra être repoussé en vertu de la compensation qui avait eu lieu non-seulement entre Primus et Paul le débiteur, mais aussi entre celui-ci et Secundus. Car le premier cessionnaire n'a pu recevoir la créance que telle qu'elle était, diminuée du chef de son cédant; et si, avant de la transmettre à Tertius, elle s'était encore diminuée par compensation ou autrement entre ses mains, ce deuxième cessionnaire ne pourra l'acquérir qu'avec ces restrictions successives.

Cette observation pourrait, avec la même raison, être appliquée à toute exception procédant du chef d'un des cédants, dans ses rapports avec le débiteur.

III. Le débiteur peut se prévaloir contre le cessionnaire de toutes les exceptions nées dans la personne de celui-ci, soit d'une convention entre lui et le débiteur, soit de tout fait à lui imputable, sans distinguer si cette exception est née soit avant (ce qui sera rare), soit depuis l'achat de la créance.

IV. Restent les exceptions tirées de sa propre personne et de sa position spéciale à l'égard du cédant. Il s'agit notamment de ce que les commentateurs ont appelé *bénéfice de compétence*, faveur accordée aux débiteurs de ne pouvoir être condamnés envers ceux de leurs créanciers qui lui doivent certains égards, comme le donataire poursuivant son donateur en exécution de la donation, le fils, l'associé, etc... agissant contre son père, contre son coassocié — que jusqu'à concurrence de sa fortune actuelle, et non sur ses biens à venir.

Nous pensons que ce bénéfice, bien que fondé sur des considérations personnelles, deviendrait complétement illusoire, et manquerait son but, s'il était permis au créancier de céder son droit à un cessionnaire étranger, qui, n'étant plus lié par les mêmes motifs de respect, ne craindrait pas de poursuivre à outrance le débiteur que la loi a voulu protéger. C'est d'ailleurs moins une exception qu'une *adjectio* à la formule, affectant le fond du droit lui-même. Le débiteur pourra donc s'en prévaloir, à moins qu'il ne soit prouvé d'une façon incontestable, que la cession a été faite dans un but légitime, et nullement en haine du débiteur malheureux, et pour le réduire aux dernières extrémités.

Quelle était la position du débiteur vis-à-vis de deux acheteurs successifs de la même créance? Il faut distinguer : si, au moment de la deuxième vente, le premier acheteur s'était déjà conformé à la constitution de Gordien, à l'effet de dépouiller le cédant de tous ses droits ; c'est vainement que celui-ci a cédé la créance à un deuxième cessionnaire, lequel n'aura pu par conséquent y acquérir aucun droit, et n'aura que son recours contre son cédant infidèle. Mais si c'est avant que le premier cessionnaire ne se soit approprié la créance, que la deuxième cession a été faite, tous deux ont traité avec un créancier encore *dominus*, et ont ainsi acheté valablement. Et ce sera alors celui qui le premier aura consolidé son droit par un des moyens que la constitution indique, qui sera le cessionnaire véritable et définitif;

l'autre n'ayant en ce cas que son action *ex empto* contre le vendeur.

Il nous reste à examiner deux questions qui ont été, entre les interprètes, l'objet d'une vive et longue controverse.

1° La cession transporte-t-elle au cessionnaire les priviléges dont jouissait le cédant?

Nous avons vu que la cession donne au cessionnaire le droit de faire valoir la créance du cédant, telle que celui-ci eût pu l'exercer, avec tous ses accessoires, actions contre les fidéjusseurs, contre les détenteurs des gages et des objets hypothéqués, et aussi avec tous ses autres avantages, tels que le droit de demander des intérêts, quand le cédant eût pu les demander, c'est-à-dire, en général, quand une stipulation formelle avait été faite à cet égard (Dig. 34, *De leg.* 3).

Mais quant aux priviléges qu'eût pu invoquer le vendeur lui-même, il faut les distinguer, avec les commentateurs et avec les lois 68 et 196, *De reg. juris*, et 42, *De adm. et peric.*, en deux catégories.

Certains priviléges étaient, en effet, à Rome, attachés à la nature de la créance, incorporés pour ainsi dire avec elle, et passant en conséquence, à titre d'accessoires, à tout cessionnaire. C'étaient même là les priviléges les plus nombreux. D'autres se fondaient sur une idée de conservation. Exemple : le privilége accordé à celui qui a prêté de l'argent pour la reconstruction d'un édifice (Dig. 25, *De reb. cred.*), pour l'équipement ou la réparation d'un navire (Dig. 5, *Qui potiores*); ainsi encore le privilége attaché à l'action funéraire.

Mais d'autres priviléges étaient, au contraire, accordés en considération de la personne, étaient si étroitement liés à elle qu'ils ne passaient même pas à ses héritiers, *a fortiori*, à un simple cessionnaire non continuateur de sa personne. Ainsi le privilége accordé au pupille contre son tuteur et contre tous ceux, même simples *negotiorum gestores*, qui ont administré ses biens (Dig. 19, *De reb. auct. jud.*), à la femme contre son mari, à la fiancée, si le mariage n'a pas lieu (17, § 1, *eod.*). Il en est de même, *a fortiori*, de l'hypothèque privilégiée que les constitutions du bas-empire accordèrent au fisc et à la femme.

Remarquons cependant que l'acheteur pouvait se prévaloir de la *restitutio in integrum* donnée au mineur de vingt-
cinq ans, bien que ce bénéfice eût un caractère tout personnel (Dig. 24, pr. *De minor.*).

Mais si l'application de cette distinction du privilége en
deux classes a été, en général, bien comprise des commentateurs, il y a cependant certains d'entre eux qui se sont
trouvés embarrassés de quelques textes.

Et d'abord ils ont cru trouver une antinomie entre les
lois 24, § 3, *De rebus auctorit. jud.*, confirmée par la loi 68
De reg. juris et la loi 42, *De adm. et peric.* Les deux premières, en effet, disent que le *privilegium exigendi* [1] passe
au cessionnaire, et la loi 42 refuse au tuteur qui a obtenu
la cession des actions contre ses cotuteurs le *privilegium
exigendi* du pupille. Mais observons que cette contradiction
n'est qu'apparente ; car, dans les deux premiers textes, il
s'agit sans doute d'un privilége attaché à la *causa debendi*,
tandis que le dernier suppose, au contraire, un privilége
personnel ; car elle dit : *Non causæ sed personæ tribuitur,
quæ meruit præcipuum favorem.*

Une autre difficulté a été soulevée sur la loi 43 *De usuris*, Dig. Il faut savoir que le fisc avait le droit particulier,
sorte de privilége, d'exiger, en l'absence même de toute
stipulation, des intérêts pour toutes ses créances, à partir
de la demande en justice. *Fiscus usuras exiget fiscales ex
quo convenit certum debitorem et confitentem* (Dig. 6, *De
jure fisci*). C'était là un privilége purement personnel, et
cependant certains interprètes ont cru voir dans la loi 43
la preuve qu'il se transmet au cessionnaire, puisque celui-
ci peut demander les intérêts échus au jour de la demande.
Cujas trouve le problème tellement insoluble qu'il ne croit
pouvoir mieux faire que d'ajouter au texte une négation,
et le mettre ainsi en harmonie avec la loi 68 *De reg. juris*.
Le moyen, il faut l'avouer, était extrême et trop facile
pour un esprit si éclairé et si perspicace en présence des
difficultés.

---

[1] C'est le droit, pour un créancier soit chirographaire, soit hypothécaire,
de se faire payer avant tous les autres créanciers de sa catégorie.

D'autres ont pensé que la contradiction n'était qu'apparente; qu'en effet la question soumise au jurisconsulte n'étant pas indiquée dans la loi 43, il était permis de supposer qu'on lui demandait si le fisc, en cédant la créance, avait pu céder en même temps le droit aux intérêts échus; et le texte, selon eux, répondrait que le cessionnaire ne pourra demander que les intérêts échus au jour de la cession, c'est-à-dire tout ce qu'eût pu demander le fisc, son cédant, mais rien de plus.

Nous pensons que la question se résout d'une manière plus simple encore, ou, pour mieux dire, que la difficulté n'existe réellement pas, si on veut entendre ce texte sans prévention et de bonne foi. Selon nous, il suppose évidemment que le fisc, après avoir reçu le montant d'une dette, *debitum percepit*, mais en principal seulement, a fait cession à un particulier du droit d'exiger tous les intérêts échus au moment de ce payement. Il n'est nullement question dans cette loi d'intérêts à échoir après la cession, puisque au moment où a lieu cette cession, le cours des intérêts avait déjà été arrêté par le payement du capital. En prenant le texte ainsi, et c'est pour nous la seule manière de l'entendre, il n'y a pas la moindre difficulté à comprendre que le cessionnaire puisse demander tous les intérêts, même non stipulés, puisque ce sont ces intérêts eux-mêmes qui font l'objet unique de la cession. Ils étaient, dès avant la cession, devenus un accessoire, comme une partie de la créance; et en cédant le droit de les exiger, c'est comme si le fisc eût fait cession d'une partie d'une créance dont l'autre partie (c'était ici le capital) lui avait déjà été acquittée.

En définitive, reste donc vraie d'une manière absolue, et sans aucune des prétendues exceptions proposées, la distinction que nous avons reproduite des commentateurs entre les *privilegia personæ* et les *privilegia causæ*. Le cessionnaire ne peut se prévaloir des premiers, mais toutefois avec cette observation importante qu'il a droit à tout l'émolument déjà acquis au cédant, par l'effet de ces priviléges, lors de la cession; car cet émolument, bien que provenant d'une cause personnelle, est véritablement devenu un accessoire, une partie intégrante de la créance et, comme tel, doit passer au cessionnaire. ***Omne jus quod ex causa cedenti competit cedere debet.*** C'est sur cette idée que nous venons de fonder notre explication de la loi 43 ***De usuris.*** Nous trouvons encore une autre application de cette idée en matière de mise en demeure. La mise en demeure s'opérait, en général. à Rome, au moyen d'une *interpellatio* faite au débiteur. Quand un créancier avait ainsi mis son débiteur en demeure, s'il cédait sa créance, le cessionnaire succédait au bénéfice qui pouvait en résulter : il succédait même au droit de mettre le débiteur en demeure ; car c'était là une qualité inhérente à la créance, qui devait dès lors passer à tout ayant cause du cédant. Tel était le principe. Jusqu'alors rien de particulier ; mais, exceptionnellement, à l'égard de certains créanciers, la mise en demeure était encourue *ipso jure*, sans aucune *interpellatio*. C'était là alors un bénéfice qui ressemblait fort à un privilége personnel. Et cependant le cessionnaire pouvait, ici encore, se prévaloir de cette mise en demeure opérée sans *interpellatio*, pourvu qu'elle eût eu lieu toutefois avant la cession, tout comme il pouvait invoquer celle encourue sur *interpellatio*, parce que l'une comme l'autre était devenue, avant le moment de la cession, un accessoire, une qualité de la créance.

Nous avons ainsi passé en revue, à propos de notre première question, ce qui concerne les vrais priviléges. Quant à certains droits qui n'ont aucun rapport avec la créance, qui ne se rattachent qu'à la procédure, comme le droit d'attirer le défendeur à son *forum* ; le droit pour le fisc et quelques autres classes de personnes de faire juger la cause par des juges particuliers (Code, *ubi Senat. vel clar.* — *ubi causa fisci*), et le droit de *non appellando*. Ce ne sont pas là, à proprement parler, des priviléges , ils n'ont aucun trait à la créance ; et comme ils constituent plutôt certains avantages personnels, ils ne passent point au cessionnaire.

2° Après avoir vu quand et comment le cessionnaire peut se prévaloir des priviléges que pouvait invoquer son cédant, nous devons voir en quelques mots s'il pourra appliquer à la créance cédée ceux qui sont nés en sa personne.

Du principe que la cession ne peut rendre pire la position du débiteur, puisqu'elle s'est faite sans son consentement, il résulte que le cessionnaire en général ne doit pas pouvoir invoquer d'autres droits que ceux qu'eût pu exercer le cédant, ni, partant, appliquer au droit cédé les priviléges qui lui sont personnels. Nous ne voulons toutefois parler que des vrais priviléges, et non de ces bénéfices de procédure dont nous avons déjà dit quelques mots, et dont certainement le cessionnaire doit pouvoir user ; car ils n'affectent nullement le droit lui-même, et n'ont trait qu'à l'exercice du droit.

Nous devons cependant faire pour le fisc une exception tirée de la loi 6 *De jure fisci*, où on voit que le fisc peut appliquer à toute créance qu'il a acquise par cession ses propres priviléges. C'est là, selon nous, une vraie exception aux principes, et nous la comprenons fort bien, en présence des exigences fiscales de la fin de l'empire, dont une foule de textes nous donnent des exemples. Certains commentateurs ont préféré à cette explication toute naturelle des interprétations diverses, qui nous semblent toutes trop recherchées. Les uns ont prétendu que notre loi 6 suppose le cas d'une succession universelle; qu'il est tout simple que le fisc, comme successeur de la personne du créancier, succède aussi à ses priviléges. Il est vrai que le mot *successio* a le plus souvent ce sens; mais il est impossible de le lui donner ici, quand Ulpien nous dit dans les premiers mots de cette loi que la question était vivement controversée. Or, l'eût-elle pu être un seul instant s'il se fût agi d'un cas de succession universelle? aucun jurisconsulte eût-il osé soutenir que, dans ce cas, le fisc ne pouvait exercer le privilége de son auteur? Tandis qu'au contraire, on comprend parfaitement la résistance que certains jurisconsultes opposaient aux prétentions envahissantes du fisc, simple cessionnaire, si dérogatoires aux principes généraux.

D'autres, comme les précédents, rejettent aussi toute idée d'exception; mais, sans voir dans cette loi 6 le cas d'une succession, ils ont cru pouvoir l'expliquer par la novation judiciaire qui, éteignant l'ancienne dette, en a créé au profit du fisc cessionnaire une nouvelle, à laquelle rien ne s'oppose qu'il applique ses propres priviléges. Cela nous semble une erreur ; car si la *litis contestatio* a vu étendre cet effet

exorbitant à notre matière de la cession, au profit du cessionnaire constitué *procurator*, ç'a été uniquement, nous l'avons
vu, pour remédier aux inconvénients de la position très-peu
sûre qu'il avait vis-à-vis d'un cédant, qui restait propriétaire et maître de disposer de la créance. Mais cette novation judiciaire ne créait nullement un effet aussi extinctif
que la novation volontaire, et elle n'eût pu produire un
résultat si exorbitant que celui que suppose notre loi, s'il
n'y avait eu le motif particulier des besoins fiscaux. Ce qui
achève d'ailleurs de le démontrer, c'est que la *litis contestatio*
aurait dû évidemment avoir le même effet à l'égard de tout
cessionnaire, ce qu'il est impossible d'admettre.

CHAPITRE III.

QUELLES CRÉANCES PEUVENT ÊTRE CÉDÉES.

Tout droit personnel est, en principe, susceptible d'être
aliéné, qu'il ait pris naissance dans un contrat, dans un
délit ou dans tout autre fait analogue, qu'il soit à terme ou
conditionnel.

Mais à cette règle générale il y a des exceptions. Nous
ne chercherons pas, comme Bartole et d'autres, à les résumer toutes dans une formule unique, comme celle-ci : *Quæ
non sunt transmissibilia, non sunt cessibilia;* car toutes ces
formules ne peuvent être vraies d'une manière absolue.
Nous préférons les énumérer sans aucun ordre systématique.

Voici quelles sont les principales. Ne sont point alié-
nables, ni cessibles :

1° Sans aucune difficulté, la créance éteinte avant le
contrat de vente; car alors le contrat est nul faute d'objet.

Si la créance existait au moyen de la vente, mais était
éteinte à l'époque où l'acheteur remplissait les formalités
qui devaient l'en rendre maître et en dépouiller le cédant,
dans ce cas, la vente avait sans doute été contractée très-

valablement, et l'acheteur alors n'avait d'autre ressource que de recourir *ex emplo* contre son vendeur infidèle, si c'était par son fait que le droit avait cessé d'exister.

2° Les actions *populaires*, c'est-à-dire celles dont la loi confie l'exercice à tout citoyen, parce qu'elles touchent à l'ordre public. Elles sont complétement incessibles ; car 1° avant la *litis contestatio*, on ne peut vraiment dire qu'il y a un créancier qui puisse céder son droit (Dig., 12, *De verb. sign.*— et pen., *De popul. act.*), et 2° après la *litis contestatio*, elles deviennent droits litigieux, partant inaliénables, comme nous allons le voir.

3° Les actions qui tendent à la réparation d'une offense morale. Elles ne doivent être nullement pour la victime un moyen de spéculation. La loi ne lui accorde l'action qu'à condition qu'elle l'exercera elle-même ; elle est par conséquent intransmissible, même à ses héritiers, *a fortiori* à un successeur particulier, comme un cessionnaire. Nous citerons, comme exemple de ces actions attachées à la personne offensée : l'action d'injures proprement dite mentionnée spécialement dans les textes, et à laquelle les commentateurs assimilent ordinairement l'action *de querela inofficiosi testamenti*, les actions en révocation des donations pour cause d'ingratitude.

4° Les créances des services dus par les affranchis à leurs patrons, car *propter solam reverentiam debentur*, et autres prestations analogues.

5° Les créances qui consistent à exiger l'accomplissement de certains faits ou certaines omissions auxquels le créancier attache un intérêt plutôt moral et personnel que pécuniaire, comme la promesse de faire un voyage dans un but tout particulier, de faire son portrait. Le cessionnaire de tels droits n'aurait, en général, aucun intérêt à en exiger l'accomplissement ; et, d'ailleurs, sur quelles bases apprécierait-on le montant des dommages et intérêts en cas d'inexécution ?

Observons, en passant, que la créance d'autrui était très-susceptible d'être vendue ; mais nous ne disons pas d'être cédée, d'être aliénée, car *nemo dat quod non habet*. La vente, en ce cas, était valable, en ce sens que le vendeur, à Rome, ne s'engageant pas à transférer la propriété, le vendeur dans notre espèce s'obligeait à procurer à l'acheteur la cession des droits ou des dommages et intérêts.

6° Les créances *litigieuses*. C'est là l'exception la plus importante au principe de la cessibilité. On appelle ainsi les créances qui ont déjà été l'objet d'une demande en justice ou d'une adresse au prince.

La prohibition, qui frappait l'aliénation de ces créances, n'était qu'une application d'une prohibition plus générale, qui s'étendait à tout objet litigieux quel qu'il fût, chose corporelle ou incorporelle.

Elle fut introduite dans un double but de protection : 1° des débiteurs et créanciers contre les manœuvres habiles et de plus en plus fréquentes de spéculateurs habiles, qui, achetant à bas prix une créance sur la valeur de laquelle ils avaient pu tromper le créancier, en poursuivaient à outrance le recouvrement contre le débiteur; 2° des débiteurs contre les collusions frauduleuses de leurs créanciers avec des tiers qui achetaient des créances, espérant par leur acharnement dans les poursuites ou par l'influence que leur rang élevé (*potentiores*) leur donnait sur l'esprit des juges, tirer de la créance une valeur bien supérieure au prix de leur achat.

C'est contre l'un et l'autre de ces abus que s'élèvent tous les textes qui composent au Digeste et au Code les titres *De litigiosis* et *Ne liceat potentioribus*, et plusieurs textes des deux titres *Mandati* et *De procuratoribus* au Dig. et au Code.

Les jurisconsultes de l'époque classique et les premiers empereurs avaient déjà cherché à arrêter dans leur naissance ces abus, que Cujas qualifiait énergiquement: *Calumniæ et vexationis emptiones, non autem juris* (8, Observ. 31). Ils déclaraient illicites toutes ces conventions que les commentateurs ont appelées pactes *de quota litis*, par lesquelles un créancier confiait à un prétendu mandataire l'exercice de son action, lui promettant, en secret, une part dans le bénéfice que cet habile spéculateur saurait en tirer. Ils rappellent sans cesse que le mandat est de nature et doit être gratuit, que le procureur ne peut demander que le remboursement de ses impenses avec les intérêts, et que tout mandat salarié est illicite et contraire aux bonnes mœurs (Dig. **7** et **53** *Mandati*, Code **20**, *Mandati*, **15** *De procur.*). La loi **6** *De procur.*, au Dig., va même jusqu'à prononcer la déchéance contre les avocats qui se livreraient à cet odieux métier, et ne leur permet de recevoir qu'une récompense honorable.

L'empereur Claude II alla plus loin, il prohiba de nouveau le mandat d'actions donné à des *potentiores;* mais il ajouta contre les créanciers une sanction qui consistait dans la *jactura debiti* dans la perte de leur droit.

Dioclétien confirma cette constitution par celle qui forme la loi *Ne liceat*; seulement il laissait les présidents de provinces arbitres des peines à infliger.

Après lui, les empereurs Arcadius, Honorius et Théodose renouvelèrent ces prohibitions, déclarant que leur but est de protéger les débiteurs de l'*aperta voracitas* des créanciers, qui, moyennant une somme, achètent l'appui d'un *potentior.*

Certains commentateurs ont observé avec un certain étonnement que Constantin vint, postérieurement à des dispositions si sévères, simplement déclarer, dans la constitution qui forme la loi **2** *De litig.*, que toute créance cessait d'être cessible du moment qu'elle était devenue litigieuse, et qu'en conséquence le procès devait, comme s'il n'y avait pas eu de vente, continuer entre le cédant et le débiteur, *tanquam si nihil factum lite nihilominus peragenda*. C'est que ces personnes n'ont pas suffisamment remarqué que cette const. 2 était rendue dans un but nouveau et tout différent de celui des précédentes; celles-ci voulaient frapper les concerts frauduleux entre les créanciers et les *litium redemptores* : elles n'eussent pas été efficaces sans une sanction énergique, la perte du droit pour les créanciers. Constantin voulait, au contraire, venir en aide tant aux créanciers trop débonnaires qu'aux débiteurs contre les surprises ou l'acharnement d'adroits, de puissants agents d'affaires. Il n'avait donc nullement à punir les créanciers, mais bien les acheteurs, en annulant la cession.

Mais le mal, en dépit de toutes les prohibitions impériales et des sanctions les plus fortes, gagnait du terrain et rongeait de plus en plus la société : le nombre lui-même de ces constitutions en est une preuve directe.

Anastase se vit donc obligé de sévir plus énergiquement que ses prédécesseurs. Le remède fut si violent qu'il dépassa son but. L'empereur voulait, en effet, seulement mettre un frein aux abus honteux des spéculations; mais, dominé par la pensée des abus, il s'imagina en apercevoir dans toutes les opérations, même dans les plus sincères. Et, en conséquence, voyant dans tous acheteurs de créances ces spéculateurs, *rebus alienis fortunisque inhiantes*, qu'il voulait frapper, il disposa que tout cessionnaire de créances à titre onéreux ne pourrait désormais rien demander au débiteur au delà du prix de la vente et des intérêts. Quant aux donations de créances, il n'y avait pas les mêmes motifs pour les prohiber; en conséquence il les maintint en plein comme valables.

Cette constitution *per diversas* (22 *Mandati*), comme cela arrive d'ailleurs dans presque toute réaction, dépassait beaucoup le but que l'empereur se proposait. Elle effaçait en réalité du Dig. et du Code le titre *De actione vendita* ; car qui pouvait dès lors se soucier d'échanger imprudemment des valeurs certaines, le prix de la vente, contre le résultat chanceux d'un procès, qui, dans aucun cas, même en en supposant l'issue la plus favorable, ne pouvait que le faire rentrer dans ses déboursés sans aucun intérêt, et qui dans tous les cas lui causait beaucoup d'ennuis?

Résultat tellement choquant, si excessif, que Dumoulin crut que cette constitution ne s'appliquait qu'aux créances douteuses! Mais, il faut l'avouer, cette assertion ne repose sur aucun fondement ; rien dans le texte ne la justifie.

Bientôt la nécessité sociale des échanges de valeurs fit, en dépit des peines prononcées par Anastase, réapparaître les cessions de créances. On chercha, on trouva promptement des détours pour éluder la constitution 22, en passant des actes de cession mélangés de donation. L'acheteur de créance ne payait au vendeur qu'une fraction de la valeur nominale (c'était le prix de la vente), et déclarait lui faire donation du surplus. Et le cessionnaire, après avoir ainsi acheté la créance pour un faible prix, pouvait obtenir du débiteur l'intégralité de la somme due. C'était ainsi abuser de l'exception faite par Anastase en faveur des aliénations à titre gratuit ; en donnant le nom de donations à une cession qui avait réellement un prix, on échappait à la prévoyance du législateur.

Justinien, voulant extirper cet abus, *machinationem amputare*, et rendre à la sage constitution d'Anastase, *quam homines astute lacerandam existimaverant*, toute la portée qu'avait voulu lui donner cet empereur, rendit une constitution nouvelle, qui forme la loi 23 au Code, *Mandati*. Il confirme d'abord la décision d'Anastase, quant aux limites dans lesquelles l'acheteur doit borner ses poursuites ; car, à travers les déguisements de l'acte, sous la qualification de donation, il ne voit qu'une vente, et applique en conséquence à cette opération les règles que son prédécesseur avait établies pour toutes ventes. Puis, innovant en un point important, il décide que l'objet de la fraude, c'est-à-dire la différence entre le prix payé et la valeur nominale ne profitera ni au cédant ni au cessionnaire, déclarant le débiteur complétement libéré à l'égard de l'un et l'autre pour cette partie de sa dette. Mais il permet et maintient comme valables les vraies donations de créances, les donations sincères de la totalité.

Les commentateurs résument ainsi cette théorie des lois romaines : *Rex litigiosa in totum donari potest : pro parte vendi non potest. — Oportet aut donari totam, aut totam vendi* (Godefroy sur C. 21, *Mandati;* Brunnemann, *ibid.*, n° 3).

La même année, Justinien rendit une nouvelle constitution qui forme la C. 4 *De litig.*, dans laquelle il déclarait nulle toute cession, à quelque titre qu'elle fût faite, de créances devenues litigieuses, distinguant toutefois : si le cessionnaire connaissait le caractère litigieux du droit, il devait en remettre le vendeur en possession, mais sans pouvoir prétendre à la restitution du prix, que le vendeur devait verser au fisc. Si le cessionnaire avait été de bonne foi, le contrat était encore annulé, mais seulement l'acheteur avait le droit de réclamer du vendeur le remboursement du prix, et, en outre, le tiers de ce prix, juste peine de

l'*abscondita machinatio* du cédant, qui n'a pas averti l'acheteur du caractère litigieux de la créance qu'il lui vendait.

Telle fut la marche progressive des prohibitions relatives
à la cession à titre onéreux des créances litigieuses.

Mais diverses exceptions avaient été apportées à ces principes, tant par Anastase que par Justinien. Le premier, dans
sa constitution *Per diversas*, exceptait de sa sanction sévère
tous les cas de cession nécessaire, c'est-à-dire celles que le
créancier est forcé de faire *cogente jure aut necessitate rei
familiaris;* car, dans tous les cas, comme dans celui de donation qu'il exceptait aussi, il n'y avait aucune spéculation
à craindre, la cession s'expliquant par des motifs tout na-
turels et légitimes. Ces cas sont :

1° La cession de créances héréditaires qu'un ou plusieurs
cohéritiers font à leur cohéritier pour faciliter les opérations du partage. Cette cession a le grand avantage d'éviter
au débiteur et aux cohéritiers eux-mêmes des poursuites
séparées.

2° Toute donation ou payement de créance faite à son
créancier par un débiteur qui n'a pas d'argent, et n'a que
ce moyen pour le payer. Exemple, un débiteur cède à son
créancier, moyennant la remise des 50 qu'il lui doit, une
créance ordinairement plus forte. La cession est valable
non-seulement jusqu'à concurrence d'une partie corres-
pondant aux 50 dus, et que le débiteur, qui en est libéré,
est censé recevoir comme prix de la cession, mais pour
tout le montant de la créance donnée en payement, fût-elle
du double.

3° Toute cession ayant pour cause la constitution d'une
créance en gage, soit par le débiteur, soit par un tiers
pour lui.

4° La cession entre colégataires ou fidéicommissaires de
créances. Mêmes motifs d'exception que pour la cession
entre cohéritiers.

5° Celle faite à un tiers détenteur de certains droits, à
l'effet de consolider sa possession. Exemple, un détenteur,
actionné par un créancier hypothécaire, se fait céder la
créance hypothécaire du créancier antérieur en rang à celui
qui le poursuit. Autre exemple, un débiteur hypothèque

son fonds, puis le revendique d'un tiers qui le possède. Ce possesseur achète du créancier hypothécaire ses actions personnelle et hypothécaire, pour s'en servir contre le propriétaire.

Dans tous ces cas d'exception, la cession de créance, bien que faite à bas prix, est valable; parce qu'il y a un motif d'utilité suffisant pour écarter le titre odieux de *redemptor litis*. Et, comme au cas de donation, cette vente doit être respectée *sine quadam imminutione*.

Justinien, dans sa constitution, 4, *De litigiosis*, confirma la première et la troisième exception, en y ajoutant le cas de cession à titre de dot ou de donation à cause de noces, et celui de cession à titre de transaction. Car, dans ces deux cas, comme dans tous les précédents, aucune spéculation n'est à craindre.

Et enfin, une dernière constitution de cet empereur réunit sous la règle fort sévère de sa constitution 24 toutes les cessions à titre onéreux, même celles ayant une cause nécessaire. Il paraît que la fraude et la spéculation avaient envahi toute sorte d'opérations : le cessionnaire à titre gratuit seul put donc dès lors poursuivre le débiteur pour la totalité de la créance cédée. Le remède était violent : la gravité des abus l'avait rendu nécessaire.

On a prétendu que la loi *Ab Anastasio* de Justinien n'avait fait que confirmer celle de son prédécesseur, celle-ci ayant déjà décidé que la portion de créance qui excède le prix de vente s'éteignait au profit du débiteur. C'est là, selon nous, une erreur. La constitution d'Anastase ne dit rien de cette peine contre les colludants, et c'est précisément ce défaut de sanction qui parut à Justinien un vide nécessaire à remplir. Ce fut le but de sa constitution, qui, dans l'opinion adverse, n'aurait eu aucune utilité.

Une dernière question réellement difficile est celle de savoir, au sujet de ces deux lois, à qui incombe la preuve du payement du prix. Nous pensons, sans nous étendre longuement sur cette controverse, que ce n'est pas au débiteur à prouver que le cessionnaire n'a pas déboursé au delà de telle somme, mais bien à celui-ci à établir qu'il a payé toute la somme qu'il réclame au débiteur qui le lui conteste.

Les termes mêmes de la constitution d'Anastase semblent le prouver : le cessionnaire réclame telle somme au débiteur en lui présentant l'*instrumentum cessionis*, qui qualifie de vente l'opération qui a eu lieu. L'empereur décide que ce ne sera pas là une preuve suffisante ; n'est-ce pas dire que le débiteur pourra forcer le cessionnaire à faire une preuve plus complète de l'intégralité du payement?

Ce serait de même au cessionnaire qui se prétend donataire, et qui, en conséquence, veut se faire payer la totalité de la créance, à établir qu'il y a eu vraiment *donatio ;* et cela, soit par l'acte de cession, soit par le témoignage *in judicio* du cédant qui viendra affirmer *se donasse et etiam nunc donare*, soit par la déclaration de *testes extranei.* Mais la preuve contraire, c'est-à-dire la preuve de la simulation de donation et d'un payement quelconque pourra être faite par le débiteur.

CHAPITRE IV.

CAPACITÉ EN MATIÈRE DE VENTE DE CRÉANCES.

Toute personne était, en général, capable de céder une créance, et de s'en rendre cessionnaire.

Il y avait à cette règle : 1° certaines exceptions fondées sur les règles du mandat à l'époque où un mandat était nécessaire pour opérer la cession en exécution de la vente qui avait eu lieu. Ainsi étaient incapables d'être représentants ou de se faire représenter en justice, et partant, d'être parties dans une cession :

Les infâmes (Instit. IV, 13, § 11) ;

Les muets, les sourds, les aveugles, tous ceux *qui corpore suo muliebria passi sunt.* Les femmes et les militaires étaient aussi, dans l'origine, frappés de cette incapacité ;

mais plus tard on les admit à être *procuratores in rem suam,* et partant cessionnaires.

Il est probable que l'introduction des actions utiles fit disparaître toutes ces incapacités, en rendant tout mandat inutile.

L'esclave qui peut vendre une créance de son pécule ne peut pas en arriver à la céder, car il ne peut exercer aucune action. La seule ressource de l'acheteur est d'agir contre le maître par l'action *empti,* soit *de peculio,* soit *quod jussu* ou *de in rem verso,* pour obtenir de lui la cession (Dig. 33, *De procur.*).

2° D'autres incapacités étaient fondées sur un motif d'intérêt public, la protection des débiteurs.

Les tuteurs et curateurs (noʏ. LXXII, chap. ʏ,) ne peuvent recevoir, soit par eux-mêmes, soit par personne interposée, aucune cession de créance contre les personnes soumises à leur protection. Cette incapacité se prolonge même, d'après la constitution, après la cessation de l'administration. Toute cession faite en violation de cette règle est nulle : *Infirmam esse volumus et lucrum fieri adolescentis,* lors même que cette cession eût été faite *pro vera causa.* Il résulte de là que le tuteur ou curateur qui a voulu devenir cessionnaire sera privé de tout recours contre son cédant, n'aura aucune action contre le débiteur, et même devra lui rendre tout ce qu'il lui aurait payé en vertu de cette cession illégale. Cette sanction ne peut souffrir aucun doute, elle est formellement écrite dans la constitution (*propter transgressionem nostræ legis*).

Mais remarquons que les motifs donnés par l'empereur font voir qu'il ne veut pas atteindre les cessions des créances nées après la tutelle : il n'y a aucune raison pour les prohiber.

Une autre exception dont nous avons déjà parlé dans le chapitre précédent existait contre les *potentiores.* Nous nous sommes suffisamment étendu sur ce point pour n'y plus revenir. La const. 1 *Ne liceat* résume parfaitement le motif de cette exception, *omnes tueri, præsertim tenuiores, qui sæpe importunis potentium intercessionibus opprimuntur.* Il résulte de ce motif que ce ne sont pas seulement, comme on l'a prétendu, à tort selon nous, les cessions simulées que les lois ont voulu punir, mais toute cession que l'*aperta voracitas* de ces puissants spéculateurs aurait arrachée à la faiblesse ou à la simplicité des créanciers.

Nous avons ainsi terminé nos développements sur la matière de la vente et de la cession de créances aux diverses époques de la législation romaine.

DROIT FRANÇAIS.

DEUXIÈME PARTIE.

CESSION-TRANSPORT OU VENTE DE CRÉANCES

EN DROIT FRANÇAIS.

Code Nap. { Art. 1597.
Art. 1689 à 1695, 1699 à 1701.

CHAPITRE I.

GÉNÉRALITÉS. — CONDITIONS ESSENTIELLES POUR LA VALIDITÉ DU CONTRAT.

Nous avons vu qu'à Rome la transmission par vente des créances avait, à toutes les époques de la législation, été reconnue comme impossible : le droit personnel était inaliénable dans les idées romaines ; et, eût-il été susceptible d'aliénation, nul contrat n'avait la force de transférer la propriété.

Notre ancienne jurisprudence succéda à ce principe que la propriété ni des choses corporelles, ni *a fortiori* des créances, ne peut se transmettre *solo consensu*. C'est en ce sens que la coutume de Paris, qui formait le droit commun de la France, en notre matière, disait, article 108 : « Simple transport ne saisit, et faut signifier le transport à la partie, et en bailler copie, auparavant que d'exécuter. »

Nous avons fait voir, en notre partie préliminaire, l'utilité pratique de cette théorie, en vertu de laquelle toute translation quelconque de propriété exige un acte extérieur plus ou moins apparent.

Mais déjà plusieurs auteurs de notre droit ancien reconnaissaient que ce principe avait été une création purement arbitraire de la part des jurisconsultes romains, qu'il était contraire tant à la nature du contrat qu'à l'intention des parties : car, quiconque prononce ou entend le mot *vente, vendre*, ne comprend-il pas sans hésiter que celui qui vend doit rendre l'acheteur propriétaire?

Ces idées nouvelles acquirent tant d'influence, que les rédacteurs du Code les formulèrent en loi, comme les seules rationnelles, et disposèrent en conséquence que la propriété se transmet par le seul consentement des parties (art. 711-1138 C. Nap.).

Toutefois, en repoussant ainsi en règle générale la théorie de la publicité des transmissions, les rédacteurs firent à ses partisans une concession partielle, en déclarant que le seul consentement ne suffirait pas pour le transport de propriété, à l'égard des tiers, en matière de donation d'immeubles et de cession de créances. Mais même dans ces deux cas, l'exception n'était pas franchement concédée, puisque ce n'était que relativement aux tiers que l'aliénation restait incomplète jusqu'à l'accomplissement de certaines formalités; entre les parties, le nouveau principe conservait sa puissance, et une sorte de propriété relative était acquise au donataire, à l'acheteur, par la seule force de la volonté des contractants.

Cette idée de propriété relative n'était certes pas heureuse; la raison la repoussait, car le droit de propriété est, dans son essence, absolu; et de plus il n'y a aucune utilité pratique pour une personne, à pouvoir se dire propriétaire à l'égard seulement d'une autre personne, au lieu de n'être que sa créancière et avoir contre elle une action personnelle. Le droit de propriété doit être opposable à tous, ou sinon il n'existe pas.

D'ailleurs, depuis qu'une loi récente est venue détruire l'innovation des rédacteurs, et faire revivre l'ancien principe de la publicité, mais seulement dans les aliénations entré vifs de propriété immobilière, la transmission des créances reste seule sous l'application de ce système *metis* de propriété relative (celle des meubles corporels étant de son côté régie par le principe particulier de l'art. 2279).

Ces idées générales posées, nous commençons les développements que nous avons à donner sur la matière de la vente de créances.

Tout contrat exige, pour sa validité, le concours de quatre conditions essentielles :

1° Une cause au contrat ;

2° Le consentement des parties contractantes ;

3° Leur capacité de contracter ;

4° Un objet du contrat.

Un cinquième élément est spécialement requis pour le contrat de vente, c'est le prix.

Nous n'avons rien à dire de la cause, sinon que de nous en référer aux principes généraux posés dans les articles 1131 et suivants, selon lesquels l'obligation, ou, pour parler plus justement, la convention sans cause, ou sur fausse cause, ou sur cause illicite ne peut produire aucun effet. Or, la cause, c'est le but immédiat que les parties se proposent en contractant. Dans la vente, comme dans tout contrat synallagmatique, il y a une double cause, parce qu'il y a obligation de chaque côté : l'obligation du vendeur, qui consiste à transférer la chose vendue, a pour cause l'obtention d'une somme d'argent qui est le prix de la vente ; la cause de l'obligation de l'acheteur, c'est d'acquérir la propriété d'une chose, c'est-à-dire dans notre matière une créance, un droit personnel.

Nous allons, jusqu'à la fin de ce chapitre, nous occuper du deuxième élément de la vente, du consentement ; renvoyant au chap. II l'explication de ce qui concerne l'objet de la vente ; au chap. III ce qui a trait à la capacité ; enfin, c'est au § 3, chap. IV, section II, relatif aux obligations de l'acheteur que nous dirons quelques mots du prix.

Le consentement des parties, c'est-à-dire le concours de leur volonté, doit d'abord être exempt des vices qui peuvent l'affecter, dol, violence et erreur.

Il doit porter, en d'autres termes les parties doivent être

bien d'accord et sur l'objet de la vente, la créance, et sur le prix de cette vente, ainsi que sur les modalités sous lesquelles l'une déclare vouloir vendre et l'autre vouloir acheter. Elles ont pu, en effet, vouloir faire ou une vente et un achat purs et simples; ou soumettre l'opération soit à une condition suspensive, c'est-à-dire la subordonner à un événement incertain, dont l'arrivée enlèvera à la convention sa force juridique, soit à une condition résolutoire, c'est-à-dire à un événement dont l'arrivée enlèvera au contrat cette force juridique, soit à un terme, c'est-à-dire en reculer, non plus l'existence, mais l'exécution jusqu'à une époque qui doit arriver nécessairement, et qui n'a rien d'éventuel, de conditionnel en soi. Chacune des obligations peut d'ailleurs être contractée sous une modalité différente.

Il doit enfin porter sur le but final du contrat. Il faut, pour qu'il y ait vente, que l'intention des parties soit bien prouvée avoir été de faire une vente. Toute autre convention passée sous forme de vente par des contractants qui n'avaient pas l'intention réelle et sérieuse, l'un de se dépouiller de la propriété de la créance, l'autre de l'acquérir, moyennant un prix, peut être valable sous d'autres rapports, mais ne constituerait pas une cession, n'en produirait pas les effets.

Et d'abord, il y a une certaine convention prohibée qui se cache souvent sous l'apparence d'une vente de créance et qui n'est qu'un prêt usuraire. Je déclare vous vendre telle créance moyennant 3,000 fr. payables en un an. Vous déclarez aussitôt me la revendre moyennant un prix de 2,000 fr., que vous me payez comptant. C'est là ce que les auteurs appellent le contrat *mohatra*, et qui doit être prohibé comme prêt usuraire; car tout se réduit à ceci : Je vous livre aujourd'hui 2,000 fr. pour que vous m'en rendiez 3,000 fr. dans un an, ce qui forme un prêt à 50 pour 100 par an. Sans doute il peut arriver souvent dans le commerce, et surtout dans les négociations de valeurs, que des créances, achetées aujourd'hui à vil prix, se vendent demain fort cher, et la vente, dans les deux cas, être très-loyale et très-sincère. Mais la double opération pourra aussi très-souvent n'être qu'une fraude, et ce sera aux tribunaux à apprécier quel est le vrai caractère de l'acte qui s'est opéré.

Il y a en outre un certain nombre de conventions qui ressemblent à la vente de créances, en ce que, comme elle, elles supposent une personne succédant à une autre en qualité de créancier, et qui diffèrent cependant de la cession, tant dans l'intention des parties que dans les effets. Nous allons dire quelques mots de chacune d'elles.

I. La délégation, ou novation par mandat, est une convention par laquelle un débiteur, pour se libérer envers son créancier, donne mandat à son propre débiteur, qu'il décharge de sa première obligation, d'en contracter une nouvelle envers ce créancier.

Dans cette opération on voit, comme dans la vente de créances, un changement de créancier, mais elle diffère de celle-ci en plusieurs points très-importants :

1° Dans la cession il n'y a pas de novation, c'est-à-dire d'extinction de créance ; c'est l'ancien droit que le cessionnaire acquiert et qui se continue à son profit ; aussi les prérogatives qui étaient attachées à cette créance subsistent-elles, tandis que dans la délégation il y a extinction de la créance principale et, avec elle, des accessoires (1278 Cod. Nap.).

2° La vente de créances n'exige pas le concours du débiteur. La délégation ne peut se faire que *consentiente debitore*. Dans la première de ces opérations il n'y a donc que deux personnes, il en faut trois dans la deuxième ;

3° D'après l'art. 1276, quand le créancier délégataire a déchargé son débiteur, le délégant (et il n'y a novation qu'à cette condition), celui-ci répond de la solvabilité actuelle du délégué ; car toute délégation contient une dation en payement, par suite de laquelle le délégataire renonce à ses droits ; or, si l'engagement du délégué qui a été donné en payement est celui d'un insolvable, en réalité le délégataire n'a rien reçu en échange de sa renonciation, qui n'a plus de cause ; il peut donc agir en garantie. Le cédant, au contraire, ne garantit de droit que l'existence de la créance au moment de la vente, et pas même la solvabilité actuelle. C'est que l'acheteur de créances veut, lui, faire un bénéfice : il achète ordinairement la créance à un taux bien inférieur à sa valeur numérique ; courant ainsi une bonne chance, il doit réciproquement subir la mauvaise, résultant de l'insolvabilité, même contemporaine à la cession.

II. Au lieu d'une délégation, il n'y aura qu'une simple indication de payement, si le débiteur donné en payement refuse de se lier au délégataire, et que celui-ci, d'autre part, ne consente pas à décharger celui qui veut se libérer ainsi, bien qu'il accepte de recevoir son payement de la personne indiquée. Alors il n'y a qu'un mandat de toucher donné au délégataire, qui, s'il ne réussit pas à se faire payer du délégué l'intégralité de ce qui lui est dû, conserve le droit de recourir contre son débiteur, le délégant. Cette opération est très-commune, et diffère de la cession en ce que c'est simplement une augmentation de garantie que le débiteur offre à son créancier, mais sans lui transporter la créance sur le tiers délégué.

III. La subrogation est une faveur de la loi, une fiction juridique, en vertu de laquelle une créance éteinte au moyen d'un payement fait par un tiers, en vue principalement de libérer le débiteur, est regardée comme non complétement éteinte, comme continuant d'exister avec tous ses accessoires au profit de ce tiers, qui pourra l'exercer à l'effet de recouvrer ce que lui a coûté la libération du débiteur.

Il y plusieurs sortes de subrogations: celle qui a le plus d'analogie avec la cession de créances est la subrogation accordée par le créancier au moment où il reçoit son payement. Dans l'une comme dans l'autre, on voit, par la volonté d'un créancier, une autre personne venir prendre sa place. Toutefois, malgré cette ressemblance, il ne faut pas confondre ces deux opérations. Il y a entre elles plusieurs différences notables : la première est prévue dans la loi.

1° L'article 1252, en effet, supposant qu'un créancier ne reçoit qu'un payement partiel d'une créance garantie par des sûretés accessoires, dispose qu'il pourra se faire payer ce qui lui reste dû par préférence au tiers qu'il subroge. C'est qu'en effet, à l'égard et dans l'intention du subrogeant, le subrogé n'est qu'un simple créancier chirographaire, agissant par l'action de gestion d'affaires ou de mandat, mais n'ayant nullement l'action principale; car une partie de cette action est, dans leurs rapports, censée éteinte, et pour l'autre, le créancier entend la conserver seul : il n'a pas voulu, en subrogeant, préjudicier à ses droits. Au contraire, s'il s'agissait d'un créancier qui vend une partie de sa créance, il est certain que cette cession opère un vrai démembrement d'un même droit unique, garanti par les mêmes accessoires, et que la portion cédée est parfaitement identique à la portion conservée, a la même efficacité comme la même origine. En conséquence, tous les deux, cédant et cessionnaire, en ce cas, concourraient au marc le franc, le cédant ne jouissant d'aucune préférence sur le cessionnaire. Cette différence vient de ce que la loi ne voit dans la subrogation qu'un payement ordinaire purement extinctif de la créance et des accessoires, en ce qui concerne du moins les rapports du subrogeant et du subrogé.

De ce même point de vue résulte :

2° Que le subrogeant n'est point garant de l'inexistence de la créance. Seulement le subrogé a contre lui, le cas échéant, une *condictio indebiti*, en répétition de l'indu (art. 1376), parce que personne ne doit s'enrichir aux dépens d'autrui. Le créancier, au contraire, qui cède une créance, est garant de son inexistence et serait passible de dommages-intérêts si elle n'existait pas.

3° Que le payement avec subrogation est opposable même aux tiers de bonne foi, dès que la quittance qui le constate a reçu date certaine de l'une des manières indiquées par l'article 1328. Cela suffit pour saisir le subrogé à l'égard des tiers. La cession, au contraire, n'est opposable aux tiers que quand elle a été signifiée au débiteur ou acceptée par lui dans un acte authentique.

Il résulte une quatrième différence du but que se proposent les contractants dans l'une et l'autre opération. Le tiers qui paye avec subrogation agit, non dans un esprit de spéculation, mais ordinairement pour venir au secours du débiteur, pour le libérer, mais sans vouloir toutefois que le bon office qu'il lui rend tourne à son préjudice. Le cessionnaire, au contraire, spécule, son but est de réaliser un bénéfice.

En conséquence : 4° Le subrogé qui obtient une quittance intégrale, moyennant une somme inférieure au mon-

tant de la dette, ne peut rien obtenir au delà de ses déboursés. Le cessionnaire qui achète une créance pour un faible
prix, a le droit d'exiger du débiteur tout ce qui était dû à
l'ancien créancier : il risque de tout perdre, il est juste qu'il
ait en échange la chance d'un payement intégral. Le cédé
ne peut jamais, à moins qu'il ne s'agisse d'un droit litigieux,
s'inquiéter de ce qu'a déboursé le débiteur : il doit payer
le montant intégral de la créance.

Voilà quelles sont les principales différences qui distinguent la subrogation de la cession; sous tous les autres rapports, notamment en ce qui concerne les relations du subrogé et du débiteur, elles produisent les mêmes effets. Car,
dans la subrogation, la créance, bien qu'éteinte en droit
avec tous ses accessoires par l'effet du payement, est censée
juridiquement subsister avec eux au profit du subrogé. En
résumé, la subrogation comme la cession transporte une
créance avec tous ses accessoires, mais sous deux restrictions:
la première, que cette transmission ne nuise pas au créancier, et la seconde, que le subrogé n'en retire rien de plus
que ses déboursés.

Nous pouvons voir, d'après ces développements, l'importance qu'il y a à bien examiner, en présence de tel ou tel
acte qui est représenté, quel est le but final de la volonté
des parties, de leur consentement; si elles ont voulu faire
une vente de créances ou une opération analogue.

Le consentement d'ailleurs dans la vente de droits personnels, comme dans toute autre vente, n'a pas besoin d'être
constaté par écrit : il suffit qu'il soit donné verbalement.

Car la seule chose essentielle dans la vente, c'est l'accord
des deux volontés sur la chose et sur le prix. Si les parties le
constatent par acte privé ou authentique, ce n'est que *ad
probationem*, à moins toutefois qu'elles ne soient convenues
formellement de soumettre l'existence et la validité du contrat à la rédaction d'un écrit.

Disons, en terminant ce chapitre, que c'est surtout dans
les placements de fonds que les cessions de créances sont
fréquentes. Le capitaliste qui veut placer son argent avec
solidité s'adresse à un notaire qui lui indique une personne
qui veut rentrer dans ses fonds et leur donner un autre

emploi ; cette personne est remboursée avec l'argent du prê-
teur et transporté en échange à celui-ci, qui devient par là
cessionnaire, une créance, souvent accompagnée d'un privilége ou d'une première hypothèque. C'est un moyen de faciliter les placements, de favoriser la circulation des capitaux.

CHAPITRE II.

OBJET DE LA VENTE.

En principe, toute créance, tout droit, toute action peuvent être cédés, aussi bien les créances qui ont pour objet
le payement d'un capital exigible, que celles qui ne sont pas
exigibles, comme les rentes.

Il est permis d'ailleurs de vendre des droits conditionnels
ou à terme, des créances de choses futures, comme le droit
de recueillir des fruits civils à échoir, loyers ou intérêts.

Remarquons aussi que la créance d'autrui peut être sinon
aliénée, car *nemo dat quod non habet*, du moins vendue valablement, en ce sens que l'acheteur a le choix ou de forcer
le vendeur à lui faire avoir cette créance, ou de faire résoudre le contrat avec dommages-intérêts, par application des
art. 1184 et 1599 C. Nap.

Mais il y a des droits qui ne peuvent être cédés, qui ne
sont pas dans le commerce. Certains auteurs ont cru trouver
dans des formules invariables un critérium infaillible pour
reconnaître si tel ou tel droit est ou non susceptible d'être
cédé. Les uns ont dit : « Tout ce qui est transmissible par
succession l'est par cession. » Selon d'autres, la vraie formule est : « Tous droits qui ne peuvent être exercés par les
créanciers ne peuvent être cédés. »

Toutes ces règles ont le double inconvénient : 1º de ne
faire que déplacer la difficulté ; 2º de ne pas offrir un principe certain de solution pour toutes les hypothèses. Car on
peut trouver des droits transmissibles aux héritiers qui ne

lo sont pas, à de simples ayants cause à titre particulier, lesquels ne représentent pas la personne de leur auteur. Tel est notamment l'action en révocation pour cause d'ingratitude (957 C. Nap.). D'un autre côté, tel droit qui ne peut être exercé par les créanciers d'un débiteur contre le gré de ce dernier peut l'être avec son consentement, et est par cela même susceptible d'être vendu. On pourrait citer, comme exemple, l'action en dommages-intérêts pour crimes ou délits contre la personne.

Il est donc plus vrai, selon nous, de s'attacher pour résoudre la question, en cas de silence de la loi, à la nature et aux caractères particuliers de chaque droit, au but dans lequel il a été établi, aux conditions de son exercice et à son analogie avec tel ou tel droit sur lequel la loi s'est formellement expliquée pour en prohiber ou en permettre le transport.

Notre formule sera donc qu'en principe tous droits personnels, puisque nous n'avons à parler que de ceux-là, sont susceptibles d'être vendus, sauf prohibition expresse ou implicite de la loi.

Or, la loi défend *expressément* la cession :

1° Des soldes de retraite ;

2° Des traitements de réforme ;

3° Des pensions de la Légion d'honneur, et, en général, de toute pension due par l'Etat ou par la caisse d'une administration publique (Lois 7 janv. 1779, art. 12, 27 août 1817) ;

4° Des pensions fournies par les caisses de retraite, du moins jusqu'à concurrence de 360 fr. (Loi du 18 juin 1850, art. 5) ;

5° Des parts éventuelles dans le produit des prises maritimes (Loi du 1er oct. 1793, art. 46 ; arrêté du 9 vent. an XI, art. 42).

On peut considérer comme *implicitement* prohibées par la loi :

1° La cession des créances d'aliments. — Certaines personnes veulent distinguer si ces aliments sont dus en vertu de la loi, à raison de parenté ou alliance (art. 205 C. Nap.) : dans ce cas, la cession serait impossible ; ou bien s'ils sont dus en vertu d'un jugement qui alloue une pension ou une provision alimentaire, ou bien en vertu d'un acte de disposition gratuit ou onéreux qui constitue une pension ou une rente viagère.

L'incessibilité de la créance d'aliments résulte suffisamment, pour nous, de l'art. 581 du C. de proc., et nous croyons même que si cette créance est insaisissable, c'est parce qu'elle est incessible. D'ailleurs, comme le droit de compromettre appartient à ceux qui ont la disposition d'un droit (1003 C. proc.), il s'ensuit que l'interdiction du compromis révèle l'inaliénabilité directe.

Toutefois, si l'acte constituant la dette alimentaire est à titre onéreux, ou si, du moins, c'est par la volonté du créancier que ces prestations sont qualifiées alimentaires, les mêmes raisons ne s'élèvent plus contre la cession, puisque, dans ce cas, elle ne porterait plus aucune atteinte à la loi. Aussi comprend-on qu'un arrêt de la Cour suprême ait pu déclarer valable l'aliénation faite, par une femme, d'un douaire constitué par contrat de mariage, parce que le douaire n'est pas une pure libéralité : c'est une partie des conventions matrimoniales ; et on a eu tort de tirer de cette décision la règle générale que toute créance alimentaire est inaliénable, sans aucune distinction entre les actes gratuits et à titre onéreux.

2° Les créances saisies-arrêtées. — Dans l'ancienne jurisprudence, la créance entière devenait incessible par l'effet de l'opposition. Un arrêt du parlement de Paris, cité par Denizart (v° *Transport*, § 10), rendu le 8 mars 1760, aurait même jugé « qu'une saisie faite pour raison d'une somme de 1,800 livres, entre les mains d'un débiteur de 40,000 livres, antérieurement à la signification du transport de cette dernière somme, avait conservé le droit des créanciers saisissants, postérieurement au transport. »

Cette opinion rigoureuse a été reproduite de nos jours par quelques auteurs.

Nous pensons, au contraire, que l'indisponibilité n'est que partielle et ne porte que sur la partie de la créance excédant les causes de la saisie-arrêt. Cette opinion se fonde sur les art. 1242 et 1298 du C. Nap. qui, n'annulant le payement ou la compensation survenus après une opposition que dans l'intérêt du créancier qui l'a faite, et non pas d'une manière absolue, semblent bien vouloir dire que le cédant a pu valablement recevoir le payement de cet excédant, ce qui prouve bien qu'il était encore maître de la créance et pouvait en disposer à son gré. Dans quel but, d'ailleurs, l'article 559 C. proc. exigerait-il que tout exploit de saisie-arrêt indiquât le montant des causes de la saisie, si ce n'est pour avertir le tiers saisi qu'il peut payer valablement l'excédant? L'article 4 d'un décret du 18 août 1807 vient encore ajouter à la force de ces raisons, en disposant « que la saisie-arrêt entre les mains des receveurs de deniers publics n'aura d'effet que jusqu'à concurrence de la somme portée en l'exploit. » D'ailleurs, le système contraire a un inconvénient considérable, c'est d'immobiliser dans les mains du tiers saisi des sommes très-fortes pour des intérêts minimes, comme le prouve l'arrêt de 1760.

Droits litigieux.

Les règles de la cession s'appliquent en général aux créances litigieuses ; seulement le législateur a établi à leur égard quelques règles spéciales.

Les procès sont un mal ; il est utile que des dispositions légales les arrêtent à leur naissance. Parmi ces dispositions sont celles qui autorisent celui contre lequel on a cédé un tel droit à étouffer le procès en remboursant au cessionnaire ce que celui-ci avait payé au cédant pour prix de la cession.

Le droit romain prohibait entièrement la vente de ces droits, et déclarait en conséquence que le procès devait se continuer entre les mêmes parties, comme s'il n'y avait pas eu de vente.

Cette disposition n'a pas été admise dans notre droit, ni ancien, ni actuel. On n'a pas non plus reçu chez nous dans leur entier et avec leur portée excessive les fameuses lois *Per diversas* et *Ab Anastasio*, qui permettaient à tout débiteur d'une créance cédée, ne fût-elle l'objet d'aucun procès, ne fût-elle même susceptible d'aucune controverse, de

la racheter en remboursant au cessionnaire le prix réellement déboursé.

Mais nos rédacteurs, voulant cependant mettre un terme
à l'avidité des acheteurs de procès et de droits litigieux, et
protéger les plaideurs contre leurs vexations, sans toutefois
annuler entièrement la cession, comme à Rome, appliquè-
rent aux débiteurs de droits litigieux la faculté que les deux
constitutions accordaient généralement à tous ceux contre
lesquels des créances même non douteuses avaient été cédées.

Tous les intérêts sont satisfaits par cette sage combinaison; la société et l'ordre public sont suffisamment sauve-
gardés. Le cédant reçoit le prix de la cession qu'il a voulu
faire, et le conserve à tout événement, sans craindre l'annulation de son opération. Le cessionnaire, tout défavorable
qu'il est, n'a pas à se plaindre, il retrouve ce qu'il a déboursé. Enfin, le débiteur cédé a été libre dans sa détermi-
nation : il a sans doute trouvé quelque avantage à exercer
le retrait.

Le pacte de *quota litis*, quelque dangereuses qu'en soient
les conséquences, quelque abus qu'on en puisse faire, n'est
point prohibé formellement par notre Code. Sans doute, des
considérations particulières peuvent déterminer les juges à
déclarer nulles de pareilles conventions relativement à certaines personnes (nous en verrons des exemples dans le chapitre suivant); mais, en général, elles doivent être main--
tenues. D'ailleurs, le remboursement serait impossible
avant la fin du litige, puisque c'est alors seulement qu'on
connaîtra la somme à recevoir par celui qui s'est chargé du
procès. Dans tous les cas, le remboursement n'éteindrait
pas entièrement la contestation, puisque c'est seulement
une portion du résultat qu'elle doit produire qui a été aliénée (Bourges, 29 janv. 1830).

Quand une cession de droits litigieux a été faite par un
acte qualifié donation, mais qui impose certaines charges au
cessionnaire, les tribunaux doivent attentivement examin-
ner, d'après la nature et la qualité des charges et d'après
les autres circonstances de la cause, si c'est une vraie donation qui a été faite; car en ce cas ils devraient rejeter le
retrait qui ne s'applique qu'aux cessions à titre purement

onéreux. Si, au contraire, sous ce masque de la donation, ils reconnaissent une vraie vente, ils devront accueillir la demande en remboursement.

Maintenant que faut-il entendre par *droits litigieux ?* La définition qu'en donne l'article 1700 est-elle conçue dans un esprit d'exclusion, en ce sens qu'un droit ne serait litigieux que quand il est contesté au fond dans une instance judiciaire ?

La théorie la plus rationnelle est certainement celle que professait Brodeau dans l'ancien droit. Il prohibait la cession quand il y avait une action engagée en justice sur le fond du droit, et même, avant tout procès, quand le droit était sérieusement contestable. Mais il permettait celle des droits connus et liquides, lors même qu'il y avait un procès commencé. A son sens, il était absurde de décider *a priori* que les créanciers dont les droits seraient incertains ou même suspects, ou qui du moins ne pourraient être fixés sans de longues controverses, eussent la liberté de les vendre avant d'intenter leur action, tandis que ceux qui en auraient de très-bons et de très-clairs seraient privés de cette faculté dès l'instant qu'ils en auraient envoyé la demande par huissier. Un droit ne peut devenir douteux par cela seul qu'il plaît au débiteur d'opposer à son exercice une résistance évidemment mal fondée, et de soutenir, par pur esprit de chicane, une lutte insensée. Et, d'un autre côté, il faut reconnaître certainement qu'il y a des prétentions qui sont susceptibles de contestations et qui ont vraiment le caractère litigieux avant toute instance introduite.

Quelques personnes ont reproduit cette opinion même en face de l'article 1700 ; elles se fondent sur ce que cet article ne dit pas : « La chose *ne* sera litigieuse *que* quand, » mais d'une manière énonciative : « la chose *sera* censée litigieuse quand » ...

Ce système, disent d'autres personnes, a un grand inconvénient, c'est de laisser au pouvoir discrétionnaire des juges une trop grande latitude. Il rend en effet nécessaire d'examiner en justice si le droit cédé peut être sérieusement contesté, dans le cas au moins où la cession a eu lieu avant toute instance. Il faut donc, comme le disait M. Delvincourt,

un procès pour savoir si la chose cédée est ou non matière
à procès.

On verrait ainsi se renouveler les difficultés, les incerti-
tudes de l'ancien droit que le Code a voulu précisément
prévenir. Et cela est si vrai que la loi dans notre article
ne dit pas que la chose *sera* nécessairement litigieuse quand
les circonstances qu'elle prévoit se réaliseront ; mais elle dit
sera censée. C'est donc une présomption qu'elle établit, et
cela dans le but que nous venons d'indiquer. Donc, en
vertu de l'article 1352, aucune preuve contraire n'est ad-
missible. Aussi l'article 1700 a-t-il, dans cette deuxième
opinion que nous adoptons, un sens limitatif. On ne voit pas
d'ailleurs quelle nécessité il y aurait eu à décider d'une
manière purement déterminative que la chose sera censée
litigieuse quand il y aura procès et contestation sur le fond
du droit, si on en peut dire autant quand elle n'est pas
encore en litige. Nous dirons donc d'un côté que les droits
ne peuvent être réputés litigieux que si le procès est entamé ;
il ne suffit pas qu'il y ait crainte ou possibilité d'une contestation ; d'un autre côté, que le caractère litigieux est irré-
vocablement attribué quand le procès est commencé. Cette
interprétation de l'article 1700 revient à cette définition
romaine : *litigiosa res est, de cujus domino causa movetur
judiciaria conventione*. On peut, sans doute, regretter, dans
notre opinon, que le législateur ait voulu se réduire à
l'impuissance, en présence d'une foule de manœuvres qui
pourraient avoir pour but d'attiser le feu des discordes ju-
diciaires et de troubler le repos des familles par l'appât des
bénéfices ; mais il a préféré laisser subsister quelques cessions de droits réellement litigieux quand elles ont eu lieu
avant tout procès, et mettre bien en relief les signes carac-
téristiques du litige, pour ne pas retomber dans le chaos de
l'ancien droit. En un mot, il a déclaré qu'un droit n'est pas
litigieux par cela seul qu'il peut le devenir.

Mais la loi ne pose pas comme seul caractère du droit
litigieux l'existence d'un procès quelconque ; il faut de plus
que ce procès porte *sur le fond du droit*, c'est-à-dire fasse
planer des chances douteuses sur le droit considéré dans
son principe ; il faut que le défendeur oppose des moyens

tendant à faire rejeter absolument la demande et l'action elle-même à jamais, sans retour.

Au contraire l'emploi de ces moyens de défense, qu'on appelle ordinairement *exceptions*, c'est-à-dire ceux qui sont opposés seulement à l'effet de faire exclure la demande pour un temps, sans entrer dans la discussion du mérite de cette demande, n'imprimeraient pas au droit, objet du procès, le caractère litigieux. Il en serait de même des exceptions qui ont pour but d'obtenir le renvoi devant d'autres juges, ou d'exiger l'accomplissement de certaines formalités, ou de demander l'annulation de certains actes de procédure, qui fasse écarter l'instance actuelle, comme irrégulièrement formée. Tous ces moyens sont manifestement étrangers au fond du droit. Mais il ne faudrait pas confondre les nullités et les irrégularités de procédure avec les vices de forme dont serait atteint le titre même constitutif du droit : aussi un procès afin de faire déclarer tel testament, telle donation nuls en la forme, porteraient-ils sans aucun doute sur le fond de droit.

Donnons d'ailleurs quelques exemples qui fassent comprendre la portée des expressions de l'article 1700.

1° Si le droit ne fait pas encore l'objet d'une instance devant le tribunal, mais qu'il y ait seulement citation en conciliation, lors même que les parties ne se seraient pas conciliées, on ne peut dire, malgré la Cour de Turin (9 mars 1811), que le droit soit litigeux, car le fond du droit n'est pas menacé; une citation en conciliation a pour but, au contraire, de prévenir le procès, elle n'est donc pas elle-même un vrai procès. Souvent d'ailleurs une partie refuse de se concilier uniquement pour éluder l'exécution de ses engagements, et quand la demande est portée devant les tribunaux, qu'il est démontré que la résistance est impossible, on n'en fait pas même le simulacre.

2° J'ai des droits certains dans une succession indivise. Je demande le partage; mon copropriétaire résiste. Ce refus de partager n'affecte pas le fond de mon droit, qui reste incontestable.

Il en est de même *a fortiori* de toutes les demandes en partage où l'intervention de la justice a plutôt pour but de surveiller les opérations qui intéressent plusieurs parties que de décider les contestations qui les divisent (Lyon, 24 juin 1828).

3° Je suis créancier de 3,000 fr. J'en demande judiciairement payement à un héritier bénéficiaire qui se borne à me dire : « J'ai rendu mes comptes comme héritier bénéficiaire; l'actif mobilier de la succession est absorbé. » Ici encore le fond du droit n'est pas contesté : il n'y a de litige que sur la possibilité actuelle de recouvrement (Cassation, 27 juillet 1826).

A plus forte raison en est-il de même des demandes intentées par les créanciers contre les successibles, quand ceux-ci, sans contester le fond du droit, se bornent à répondre qu'ils sont dans les délais accordés par l'art. 795 Code Napoléon.

4° Porteur d'un titre de créance non contesté, je le mets à exécution par les voies de contrainte autorisées par la loi. Les débats qui s'élèvent sur les moyens d'exécution ne touchent nullement au fond du droit, et ne le rendent pas litigieux (Rejet, 17 juillet 1826).

Il faut dire de même d'une contestation élevée au sujet des sûretés qui peuvent appartenir au créancier comme garantie de son droit. Ces débats, loin de rendre le droit douteux, en prouvent même la certitude.

Ajoutons, en terminant sur ce point, que le bénéfice de discussion, quand il est opposé, ne constitue qu'une exception; car il ne fait que suspendre le droit du créancier, qui pourra le reprendre plus tard.

En un mot, nous pouvons dire que tout droit contesté *au fond*, dans une instance judiciaire, doit par cela même être considéré comme litigieux, sans que le juge puisse, sous ce rapport, examiner le mérite des moyens proposés par le défendeur.

Mais il ne suffit pas, pour que la demande en retrait soit recevable, que le litige ait existé au moment de la cession. Il faut qu'il soit encore pendant, soit en première instance, soit en appel, soit même devant la Cour de cassation (Rejet, 5 mai 1835), lorsque le débiteur fait ses offres. Quand le procès est terminé, que le droit est consacré par une sentence définitive, plus de retrait possible ; car, son but, qui est d'empêcher des contestations naissantes, serait manqué ; l'art. 1351 d'ailleurs s'y oppose.

Remarquons toutefois qu'il peut y avoir des exceptions dans les deux sens à la règle que le retrait n'est possible que pendant qu'il y a litige. D'un côté, en effet, il faut dire avec Pothier, que si le débiteur ayant soutenu le procès ne demande le retrait que parce qu'il se voit sur le point de succomber, il ne sera pas recevable : il est censé avoir par sa conduite renoncé à la faculté que lui offrait la loi, et qui n'est d'ailleurs introduite que pour arrêter un procès qui commence. D'un autre côté, le retrait devrait être accordé, même après un jugement en dernier ressort, si le cessionnaire, pour rendre précisément impossible l'exercice du retrait, avait tenu la cession secrète, s'était présenté comme simple mandataire du cédant, et n'avait fait signifier son acte qu'après le litige terminé (Poth., n° 597. Rouen, 18 mars 1812).

Il résulte de ce que nous venons de dire que le débiteur ne pourrait à la fois défendre à la demande du créancier et prendre en même temps des conclusions subsidiaires tendantes à retrait, pour le cas où il succomberait au fond. Il doit opter entre la défense au procès et le remboursement. La loi ne veut pas qu'il puisse cumuler l'avantage de la lutte et le bénéfice de l'article 1699.

La demande à fin de retrait n'a pas besoin d'être accompagnée d'offres réelles (Rejet, 25 prairial an VII ; 8 frimaire an XII). Ni l'ancienne jurisprudence, ni le Code ne l'exigent : c'est peut-être à tort, car il est à craindre que le cessionnaire, après avoir été privé de son droit, ne soit exposé à des lenteurs ou à des difficultés pour le payement.

Celui qui veut user du retrait doit, pour se faire tenir quitte par le cessionnaire, lui rembourser le prix réel de la cession ; toutes les fois donc que le débiteur pourra prouver, par un moyen quelconque, que le prix ostensible est supérieur au prix qui a été effectivement payé, et qu'il y a eu par conséquent une connivence frauduleuse entre le vendeur et l'acheteur pour rendre le retrait sinon impossible, du moins plus difficile, il pourra exercer le retrait en ne restituant à l'acheteur que ce que celui-ci a déboursé. Il doit en outre lui rembourser les intérêts de ce prix pendant tout le temps que le cessionnaire est resté privé de ce capital, c'est-à-dire depuis le jour du payement jusqu'au remboursement effectif ou jusqu'aux offres réelles, les frais d'actes et de signification de la cession, et les dépens de l'instance depuis le moment où elle a été suivie par le cessionnaire ; en un mot, toutes les dépenses faites par celui-ci depuis la signification du transport jusqu'à la demande en retrait. Nous venons de dire depuis la signification, et non pas depuis le payement du prix ; car, la cession n'ayant d'effet à l'égard du débiteur qu'à partir de la signification, le payement du prix et les autres déboursés ne sont censés faits que de ce jour. Autrement, il serait trop facile au cédant et au cessionnaire, en antidatant la cession, de faire remonter à une époque éloignée le point de départ des intérêts au détriment du débiteur (Pothier, n° 598).

Quand le prix de cession est une rente viagère, le re-trayant n'est tenu que de rembourser les arrérages déjà payés, et de continuer le service de la rente, si elle dure encore (Merlin, *Dr. success.*, n° 9. — Rejet, 1ᵉʳ déc. 1806).

Mais cette faculté de retrait, si le Code l'avait posée en principe absolu et inflexible, eût entraîné bien des dangers, bien des injustices. La loi romaine l'avait très-bien compris ; aussi les deux constitutions 22 et 23 *Mandati* y avaient-elles fait exception dans les cas où la cession a une cause légitime et ne présente aucun caractère de spéculation.

Notre Code a reproduit ces exceptions dans l'art. 1701. Le retrait cesse :

1° « Quand la cession est faite à un cohéritier ou co-propriétaire du droit cédé. » On a cru voir dans ces termes de l'article une différence avec les dispositions de la consti-tution d'Anastase qui exigeait, pour l'inadmissibilité du retrait, que la cession fût faite *inter coheredes*, c'est-à-dire par un copropriétaire à son copropriétaire, et alors on s'est demandé ce qu'il faudrait décider chez nous au cas où la cession serait faite par un étranger à un cohéritier ou à un copropriétaire. Exemple : François, créancier de 1,000 contre une succession recueillie par Pierre et Paul, les poursuit tous deux en payement, et vend son droit à Pierre pendant le

procès. Paul pourra-t-il se prévaloir du bénéfice du retrait ?
Évidemment, oui. D'abord les termes de notre article, tout
aussi explicites que ceux de la loi 22, exigent cette décision; car ils prévoient la cession faite à un copropriétaire du
droit cédé : or, comme un droit commun ne peut être cédé
que par un des communistes, exiger chez le cessionnaire la
qualité de copropriétaire, c'est demander aussi cette qualité
au cédant. Or, dans l'espèce ci-dessus, le cessionnaire est
simplement codébiteur du droit cédé. D'ailleurs, l'esprit de
la loi vient à l'appui de cette décision : ou l'acheteur a voulu
agir dans l'intérêt commun, et alors c'est entrer dans ses vues
que d'exiger qu'il se soumette au retrait, ou du moins, comme
le voulait l'ancienne jurisprudence, qu'il fasse rapport à la
masse de la créance achetée, contre remboursement de ce
qu'il a réellement payé; ou bien il a voulu agir dans son
propre intérêt, n'a fait autre chose qu'acheter un procès
contre la succession ou contre la communauté, et alors la
circonstance qu'il est communiste, loin de le favoriser,
aggrave sa position ; car, comme héritier, il doit plus que
tout autre éviter tout ce qui pourrait jeter de l'embarras
dans le partage. Cette première exception est donc motivée
sur ce que la cession a lieu dans le but, non de spéculer,
mais de faciliter le partage.

2° Quand la cession a été faite à un créancier en payement de ce qui lui est dû. Le créancier n'est nullement
présumé agir dans un esprit de vexation, mais ne fait que
pourvoir à la conservation de ses intérêts, et prendre d'un
mauvais payeur, ce qui lui donne quelque espoir d'être
remboursé.

Si la dette en payement de laquelle est faite la cession a
été contractée uniquement pour se placer dans l'exception,
et éluder ainsi l'application de 1699, cette combinaison
devait être déjouée et le retrait admis.

Si la dette, quoique sérieuse, n'entre que pour une faible
partie dans le prix de la cession, et que le cessionnaire du
droit litigieux, outre la créance qu'il abandonne, paye une
soulte considérable, il est possible qu'au lieu d'être une
dation en payement, le contrat soit une vraie vente. On
reconnaîtra la fraude d'après les circonstances, et surtout

d'après la quotité de la somme payée, comparée à la valeur totale de la créance abandonnée.

3° Quand la cession est faite au possesseur de l'héritage sujet au droit litigieux. Exemple : J'ai acheté un immeuble : un créancier hypothécaire me poursuit en délaissement ; pour conserver le fonds, j'achète la créance hypothécaire. Mon vendeur, ainsi devenu mon débiteur, ne pourra prétendre contre moi l'exercice du retrait : il n'y a pas là encore acquisition de procès *vexandi libidine*.

Remarquons en terminant que jamais notre droit français n'a admis une constitution grecque de Justinien, qui abrogeait toutes les exceptions portées par Anastase au principe du retrait, ne laissant subsister que le cas de donation de créances. C'était là une disposition inique, qui mettait entrave à des transactions dirigées dans un esprit de sauvegarde et de conservation, et étrangères à toute pensée d'hostilité.

CHAPITRE III.

CAPACITÉ EN MATIÈRE DE CESSION.

La capacité, en matière de vente et d'achat de créances, comme dans tout contrat, est la règle générale : l'incapacité n'est que l'exception. Il n'y a donc d'incapable que ceux que la loi a expressément déclarés tels. Or, sont, en général, incapables de faire aucun contrat les personnes énumérées dans l'art. 1125 C. Nap.

De plus, la loi prohibe toute vente entre époux (art. 1595) : il leur serait trop facile de se faire, à l'aide de ventes simulées, des libéralités excédant la quote disponible réglée par les art. 1094 et 1095, ou des libéralités irrévocables (1096). Cette règle ne souffre exception que dans trois cas où le motif de la prohibition n'existe pas, où la vente a une cause légitime.

La loi défend donc *implicitement* à toutes ces personnes la vente et l'achat des créances.

Elle a établi, en outre, des incapacités expresses et spéciales. Elle défend l'achat de créances :

1° Au tuteur. Il lui est défendu d'accepter la cession d'aucune créance contre son pupille (450 C. Nap.). La loi a craint qu'il ne manquât à son devoir de protection en achetant ces créances à vil prix pour en tirer le plus grand parti possible contre le mineur, ou ne fît disparaître les titres ou quittances qui pourraient prouver l'extinction ou la nullité du droit.

L'art. 450 n'indique pas de sanction à cette prohibition. Nous pensons que, conformément à la novelle LXXII, ch. v, à laquelle notre article est emprunté, la cession, valable entre le cédant et le cessionnaire, est nulle à l'égard du mineur, qu'elle libère. Le tuteur perd sans retour le prix de la vente.

2° Aux magistrats (juges et suppléants, ainsi que ceux remplissant les fonctions du ministère public), aux défenseurs officieux (avocats) [1], aux officiers ministériels (greffiers, avoués, huissiers, notaires). Ces personnes ne peuvent, aux termes de l'art. 1597 C. Nap., devenir cessionnaires des procès, droits et actions litigieux qui sont de la compétence du tribunal dans le ressort duquel elles exercent leurs fonctions. Ainsi, les magistrats et officiers ministériels près d'une Cour ne peuvent acheter des droits litigieux de la compétence d'un des tribunaux qui ressortissent à cette Cour. Mais rien n'empêche que les magistrats près d'un tribunal de première instance ne deviennent acheteurs de droits de la compétence d'un autre tribunal, même situé dans le ressort de la même Cour.

Cette disposition est applicable aux membres des Conseils de préfecture et du Conseil d'État pour les procès qui sont de leur compétence, puisque ces personnes sont de vrais juges administratifs.

Elle a son origine dans les textes du Digeste et du Code, qui défendaient aux *potentiores*, aux avocats et aux procureurs d'acheter de leurs clients les procès que ceux-ci les avaient chargés de poursuivre.

---

[1] L'ordre des avocats, supprimé par la loi du 2-11 septembre 1790, ne fut rétabli que par celle du 22 ventôse an XII, postérieurement à la rédaction définitive du titre de la vente.

On peut donner de cette prohibition un triple motif. Le législateur a voulu prémunir le cédant contre les abus de confiance ou d'autorité du cessionnaire ; protéger le cédé contre l'influence du cessionnaire sur le tribunal, et enfin maintenir la dignité des fonctions du cessionnaire, en prévenant tout soupçon de cupidité ou de mauvaise foi.

C'est une question controversée de savoir quelle est la sanction de la prohibition de l'art. 1597. *A peine de nullité*, dit la loi. Mais est-ce une nullité relative ou une nullité absolue ? Nous pensons que c'est une nullité relative, que peuvent invoquer le cédé et le cédant seuls. Nos anciennes ordonnances prononçaient en ce cas l'extinction du droit cédé et, en outre, une amende contre le cessionnaire (Merlin, v° *Droits litig.*, n° 3). La pensée du Code, selon nous, a été d'appliquer à cette situation les dispositions que les lois romaines avaient établies contre tout acheteur de droits litigieux, en sorte que la nullité de la cession, quand elle a été prononcée, n'empêche pas le droit de subsister ; le débiteur ne peut se prévaloir de ce trafic pour se prétendre libéré ; le cessionnaire ne peut recourir contre le cédant en restitution du prix, et, en outre, il peut être condamné envers le débiteur aux dépens et dommages et intérêts, s'il y a lieu, conformément à l'art. 1597. Le cessionnaire ne peut, selon nous, demander cette nullité : nul ne peut tirer action de sa mauvaise foi. Quelques personnes refusent ce droit au cédant lui-même, et pour le même motif. C'est, selon nous, une erreur. La loi a voulu protéger le cédant comme le débiteur contre les manœuvres d'habiles praticiens, de spéculateurs avides.

Quant à la question de savoir à quels droits s'applique la prohibition, presque tous les auteurs et la jurisprudence sont d'accord pour entendre par les expressions employées par notre article, non-seulement les droits qui forment actuellement l'objet d'une contestation quelconque, comme quand il s'agit du retrait, mais tous droits non reconnus, incertains, sujets à contestation, et entourés de circonstances qui font présumer qu'ils donneront lieu à un procès. Les motifs de la prohibition de notre article ne permetten pas d'ailleurs d'interpréter les termes dont il se sert dans le sens de l'art. 1700. Le législateur, guidé par un sentiment de haute moralité, n'a pas voulu seulement étouffer les procès commencés, mais les prévenir, et enlever à des hommes familiers avec les discussions du barreau le prétexte et l'occasion de troubler le repos des familles.

Mais notre article ne comprend pas : 1° les droits sur lesquels il aurait été statué par une décision en dernier ressort, quand toutes les voies de droit sont épuisées : le respect qu'il faut attacher à la chose jugée ne permet pas qu'on puisse les remettre en question ; 2° ni les créances claires, liquides et certaines, alors même que pour en faire exécuter le payement, il deviendrait nécessaire de recourir à des moyens de contrainte.

La prohibition d'ailleurs cesse, selon nous, dans les divers cas de l'art. 1701.

CHAPITRE IV.

EFFETS DE LA VENTE ENTRE LES PARTIES. — TRANSMISSION : OBLIGATIONS RÉCIPROQUES.

SECTION I.

TRANSMISSION DE PROPRIÉTÉ.

Quand le contrat de vente est parfait, c'est-à-dire quand les parties sont d'accord sur la chose et le prix, qu'elles ont la volonté, l'une d'aliéner, l'autre d'acquérir la créance, la propriété du droit, mais seulement une propriété relative, passe à l'acheteur, sans aucune formalité, et sans même l'intervention du débiteur. Nous avons vu, en effet, que la cession pourrait avoir lieu même malgré lui ; la circonstance que le créancier charge une autre personne de faire valoir la créance n'apporte dans la position du débiteur aucun changement suffisant pour qu'il ait intérêt à se plaindre.

La transmission du droit principal entraîne de plein droit, sans qu'il soit besoin que les parties s'en expliquent,

celle des accessoires, des prérogatives qui étaient attachées
à ce droit dans les mains du cédant (1692), priviléges, hypothèques, cautionnement, compétence du tribunal, titre
exécutoire [1], en un mot, toutes les qualités de la créance.
La personne du créancier est changée, le droit reste le
même, le cessionnaire prend, en ce qui concerne la créance
cédée, la place du cédant. Seulement, remarquons qu'ici
encore, comme pour le droit principal, l'acquisition des accessoires n'est pas absolue; il faudra, pour que le cessionnaire puisse s'en prévaloir, tant contre le débiteur que
contre les tiers, l'accomplissement de certaines formalités.

Acquérant ainsi la propriété de la créance, l'acheteur a
droit à tout ce qui s'y rattache, à tout ce qu'elle produit, en
vertu du droit d'accession (art. 547 C. Nap.). Si donc la
créance est un capital productif d'intérêts ou une rente, le
cessionnaire acquiert les intérêts ou arrérages qui courent
depuis la cession, car ce sont là des fruits. Quant aux intérêts déjà échus au moment de la cession, quelques personnes
ont pensé qu'en qualité de fruits civils s'acquérant jour
par jour, ils sont dus au vendeur, indépendamment du
capital, et que puisque la cession n'en fait pas mention, ils
n'y sont pas compris. Ce n'est pas notre avis. Sans doute,
nous ne verrions rien d'étrange à ce que les parties convins-
sent à laisser ces intérêts et arrérages échus en dehors de la
vente; mais nous croyons qu'en cas de silence de leur part,
ces accessoires sont compris dans la cession par cela seul
qu'ils n'auront pas été réservés. En effet, bien que leur
existence ultérieure ne dépende plus de l'existence ultérieure de la créance, bien que ce ne soient pas des fruits relativement à celui qui ne devient propriétaire de la créance
que postérieurement à leur échéance, ils sont néanmoins une
dépendance de cette créance. C'est en vertu du même titre
qu'ils sont exigés. Aussi croyons-nous notamment la question
hors de doute, quand le cédant aura remis ses titres au cessionnaire; car sans titres il ne pourrait plus se les faire payer.

[1] Quelques coutumes voulaient que le cessionnaire fût toujours obligé de
faire déclarer par jugement son titre exécutoire. Cette exigence, qualifiée
par Dumoulin d'*articulus ridiculus*, a été abrogée implicitement par notre
art. 1692 et par l'art. 2111, qui se contente de la signification du transport.

On a vivement controversé aussi le point de savoir si la cession d'une créance donne au cessionnaire le droit d'invoquer les actions en nullité, rescision ou résolution, quand les parties n'ont rien dit à cet égard.

Dans l'ancienne jurisprudence on décidait que même la cession générale de *tous droits et actions appartenant au cédant* ne comprenait pas les actions rescindantes et rescisoires, sauf convention contraire (Rousseau de Lac., v° *Restitut.*, sect. 1, n. 15).

Quelques personnes ont reproduit de nos jours cette doctrine, qui a été consacrée par un arrêt de Limoges (27 novembre 1811). Celui qui a passé un acte invalide ou même nul peut avoir, dit-on, des raisons de ne pas en demander la nullité, ne fût-ce que pour ménager sa réputation ou celle de ses auteurs dont émane l'acte. Il faut une volonté formelle de cette personne pour que la rescision soit demandée, puisque son silence, pendant un temps donné, suffit pour la faire déclarer non recevable : elle ne doit donc pas être présumée avoir voulu donner à une autre le droit d'intenter cette action.

Dans un autre système, on dit que ce ne sont pas là des droits attachés à la personne, puisque tout le monde reconnaît que l'acheteur pourrait les exercer s'il y avait eu une convention à cet égard. Or, tous les droits non attachés à la personne sont transmissibles, et dès que les termes de la cession sont généraux et absolus, il est impossible d'admettre aucune exception ; si le cédant pensait que sa réputation dût être compromise, il devait faire une réserve expresse. Puis, à quelle conclusion en arrivent les partisans de ce système? A celle-ci, savoir que le cessionnaire d'un prix de vente pourra intenter, à défaut de payement, l'action en résolution !

Cette deuxième opinion nous semble reposer sur une confusion manifeste. Ces auteurs ne distinguent pas suffisamment la question spéciale de savoir si le cessionnaire d'un prix de vente peut, en cette qualité, provoquer la résolution pour non-payement, et la question générale de savoir si le cessionnaire d'une créance quelconque a qualité pour provoquer la rescision, la nullité ou la résolution de la convention ou de l'acte générateur du droit. Il est certain que l'action en résolution de l'art. 1654 peut, à défaut même de stipulation spéciale, être provoquée par l'acheteur ; car cette action est incontestablement un moyen de faire valoir la créance, en forme par conséquent un accessoire, et en cette qualité se trouve virtuellement comprise dans la cession (1692). Mais pareil motif ne s'applique nullement aux autres actions en résolution, ni aux actions en nullité ou rescision. Aussi nos adversaires se sont-ils bien gardés de prendre leur unique exemple dans ces dernières. Ces auteurs ont d'ailleurs confondu, à tort, la cession d'une créance, d'un droit déterminé avec une cession générale de tous droits et actions appartenant au cédant, en vertu de tel ou tel acte. Or, il y a une très-grande différence entre le cas où je cède *tous les droits* que j'ai contre une personne en vertu de telle convention que j'ai passée avec elle, et le cas où je cède seulement une créance de telle somme que j'ai contre elle. Au premier cas, il est certain que les tribunaux pourront, par appréciation des circonstances, des termes de l'acte, et de la commune intention, décider que le cessionnaire est mis au lieu et place du cédant, qu'il peut faire en général tout ce que celui-ci eût pu faire, et en conséquence intenter les actions en nullité ou rescision ; en sorte que si les juges refusent au cessionnaire l'exercice de telle ou telle action, ce ne pourra être que par une exception fondée sur quelque circonstance particulière : hors de là, et quand rien ne révélera chez les parties l'intention d'excepter de la cession quelqu'une de ces actions, elle les comprendra toutes. Mais quand, au contraire, je cède simplement ma créance de tant sur Pierre, il est clair que le cessionnaire n'acquiert pas d'autre action que l'action du payement de la somme due, sauf toutefois l'action en résolution à défaut de payement.

Quand une partie seulement de la créance a été cédée, le cessionnaire acquiert, pour cette partie, les mêmes avantages que le cédant. Mais le débiteur peut exiger que vendeur et acheteur s'entendent pour recevoir en même temps la totalité. Tout débiteur a le droit de ne point diviser l'exécution de son obligation (1220 C. Nap.).

SECTION II.

OBLIGATIONS RÉCIPROQUES DES PARTIES.

§ 1. — *Obligations du vendeur.*

Le transport de propriété dont nous venons de parler eût pu être rangé dans la catégorie des obligations du vendeur. Le Code lui-même le comprenait sous le nom d'obligation de *livrer* (art. 1136, 1138).

Mais de quelque manière que nous envisagions cette transmission de propriété, il est certain que le vendeur ne peut se croire quitte et déchargé, quand elle a eu lieu au profit de l'acheteur. Il a une autre obligation à remplir, celle de *délivrer* (1604).

Elle comprend plusieurs choses :

1° La remise du titre, quand il y en a un ; il peut en effet ne pas y en avoir, puisqu'il n'est qu'un moyen de preuve, et non une condition essentielle de la vente.

Le vendeur doit aussi remettre à l'acheteur les titres constatant les obligations accessoires.

Cette délivrance n'a pas une grande importance. Elle n'est pas nécessaire d'un côté au transport de la propriété relative entre les parties ; de l'autre elle ne suffit pas pour compléter cette propriété à l'égard des tiers. Son seul effet est de faciliter au cessionnaire les moyens de toucher son payement, en ce sens du moins que tout débiteur est très-fondé à ne vouloir payer que sur le vu et la restitution du titre.

Elle a cet autre avantage, de rendre très-difficile la fraude par laquelle le cédant malhonnête voudrait vendre à un deuxième cessionnaire la créance déjà vendue à un premier, auquel il a remis les titres. Ce deuxième acheteur, s'il est prudent et bon père de famille, exigera, avant de contracter, la production de l'acte qui constate la créance qu'on veut lui vendre ; et le refus du cédant, ou sa déclaration qu'il ne peut les produire, suffira pour éveiller les soupçons de ce tiers et l'empêcher de contracter.

2° La délivrance comprend en outre la tradition matérielle des gages qui accompagnent la créance.

La délivrance doit se faire dans le délai fixé par la convention, quand elle n'a pas eu lieu au moment du contrat, et, à défaut de convention à cet égard, au moment du payement du prix ; et au même cas, le vendeur n'est pas tenu de faire élivrance tant que l'acheteur ne paye pas le prix, à moins qu'il ne lui ait accordé un terme (1612 C. Nap.).

§ 2.— *Garantie.*

Le seul effet, la seule obligation résultant du contrat de vente de la part du vendeur est, à vrai dire, l'obligation de livrer, prise dans son sens le plus large, c'est-à-dire comprenant le transport de propriété et la délivrance des titres. Quant à l'obligation de garantie, elle ne naît pas d'une manière principale de la vente, elle n'est que la continuation, la sanction de l'obligation de livrer, et ne prend naissance que quand celle-ci reste sans exécution sur quelque point.

Or, *de droit*, et d'après la nature même du contrat de vente, « le vendeur, disait Loyseau, est tenu de trois choses : 1° que la chose soit et subsiste ; 2° qu'elle lui appartienne ; 3° qu'elle ne soit engagée ni hypothéquée à autrui ; et l'une de ces conditions manquant, l'action de garantie a lieu. »

Si donc, 1° le vendeur a vendu un droit qui n'a jamais existé, ou qui était éteint au moment du contrat par payement, compensation, prescription, déchéance, en un mot, par l'effet d'une exception quelconque, la vente manque d'un de ses éléments essentiels, d'objet. Elle est donc nulle (art. 1108), et l'acheteur qui n'a pas acquis ce qu'il espérait aura recours contre le cédant, qui est en faute d'avoir voulu vendre ce qu'il savait ne pas exister.

Ce n'est là que l'application d'une grande règle en matière de garantie, à savoir que le cédant est de droit garant de tous ses faits personnels, non-seulement postérieurs au contrat, mais antérieurs (1638 C. Nap.). Si ces faits ont précédé la cession, ils ont donné naissance, au profit du débiteur, à des droits, à des exceptions dont l'exercice, comme nous venons de voir, dépouille le cessionnaire de tout ou partie de ses espérances légitimes : celui-ci a un recours, puisque la créance qu'il voulait acheter n'existait plus au moment du contrat, ou du moins n'existait plus telle qu'il l'avait entendu. Le vendeur, qui n'a pu ignorer des faits qui procèdent de lui, en est responsable ; car il serait contraire à la bonne foi qu'il tirât profit de la cession et fît retomber sur l'acheteur ses propres faits, lui transmît des causes de trouble dont il est lui-même l'auteur, lui à qui il appartenait spécialement de le protéger.

Si ces faits, donnant naissance à des exceptions au profit du débiteur, comme un payement, etc., sont postérieurs à la cession, ils constituent une infraction formelle à la foi du contrat. Il en serait de même de la vente de la même créance à une deuxième personne qui fait signification avant la première. L'acheteur, ainsi victime de la mauvaise foi du vendeur, a contre lui un recours en indemnité.

L'article 1628 ajoute que toute clause contraire est nulle, c'est-à-dire, 1° si, par avance et au moment de la vente, le cédant voulait se décharger de ses faits et promesses postérieurs à la vente, ce serait un pacte contraire aux bonnes mœurs : nul ne peut par avance renoncer à faire justice du dol à venir ; 2° si le vendeur ne déclare pas, en contractant, les faits et promesses antérieurs à la vente, et parvienne, au moyen du secret qui les couvre, à arracher ou à surprendre de l'acheteur une renonciation aveugle à s'en prévaloir pour l'avenir ; ce serait encore là une convention illicite, injustice de la part du vendeur, acte de folie de la part de l'acheteur, qui serait censé avoir voulu permettre au vendeur de le tromper impunément !!

Mais, hors ces deux cas, la restriction de l'article 1628 est sans aucune application. Ainsi il est très-licite que le vendeur, déclarant tous les faits antérieurs, stipule qu'il n'en veut pas être garant. On peut renoncer à rechercher quelqu'un pour son dol passé. Nous reviendrons plus loin sur ce point.

2° Si le titre dont procède la créance vient à être annulé ou rescindé. Dans ce cas encore, le vendeur doit garantie à l'acheteur.

3° Si le cédant a vendu un droit très-valable, ayant une existence certaine, mais dans l'exercice duquel l'acheteur vienne à être troublé par des tiers qui élèvent des prétentions à la créance, soit en intentant contre le débiteur une action à fin de payement, et cela avant que le cessionnaire ait exercé aucune poursuite, soit en s'adressant au cessionnaire lui-même, et en faisant déclarer par justice que le droit qu'il a cru acheter n'appartenait pas au cédant ; soit enfin en venant faire opposition aux poursuites de l'acheteur contre le débiteur.

Ainsi troublé dans son droit, le cessionnaire a le choix entre deux partis : ou se défendre lui-même, ou appeler en cause son cédant, qui ne peut se refuser à intervenir. Si le cessionnaire prend le premier parti, le moins prudent, et qu'il succombe, nul recours contre son cédant, si celui-ci prouve qu'il existait des moyens suffisants pour rejeter la demande du tiers; si, mieux inspiré, il a appelé le vendeur en cause, qu'il se soit ou non fait mettre lui-même hors de cause, il s'est par là assuré un recours à tout événement.

Si, en effet, la demande du tiers est rejetée, le cessionnaire peut se faire rembourser tous les frais de cette instance, qui l'a troublé dans la paisible possession de son droit.

Si, au contraire, ce tiers triomphe, c'est alors qu'il y a, à proprement parler, *éviction*. *Evincere est rem judicio auferre.*

4° En effet, s'il est prouvé par jugement que le cédant a vendu un droit qui avait bien une existence, mais qui n'existait pas à son profit, la vente est nulle, comme vente de la chose d'autrui (1599 C. Nap.). L'acheteur a droit, en ce cas, à la restitution du prix et à indemnité pour tout le dommage qu'il a éprouvé et pour l'intérêt dont il a été privé en n'obtenant pas ce qu'il espérait.

Il est sans doute inutile d'ajouter que le vendeur ne remplit pas son obligation complète quand il a simplement remis un titre au cessionnaire. Car un titre peut subsister après l'extinction de la créance; la remise de ce titre, qui n'a que l'apparence de la vie, ne l'empêcherait pas d'être soumis à la garantie.

Si le cédant refuse de remettre à l'acheteur ses titres de créance, lors même que le droit cédé existerait très-valablement, il manque à une de ses obligations, et le cessionnaire a encore droit en ce cas à la garantie.

Tels sont les divers cas où prend naissance l'obligation subsidiaire de garantie, tout compris implicitement dans l'art. 1693 qui, sous l'expression en apparence fort restreinte : *existence de la créance*, comprend non une existence quelconque, mais une existence légitime au profit du vendeur, et telle qu'elle ne vienne pas plus tard à être anéantie. C'est là ce qu'on appelle la garantie *de droit*.

Que doit le vendeur actionné en garantie? Est-ce seulement la restitution du prix de cession, ou tout le montant de la créance cédée? Le Code est muet sur ce point. La seule chose qu'il a décidée dans l'art. 1694, c'est qu'en cas où le vendeur a promis la solvabilité du débiteur, le montant de la garantie ne s'élève que jusqu'à concurrence du prix de vente : c'est ainsi qu'il a interprété en ce cas l'intention des parties. S'il en est ainsi au cas où le cédant a promis quelque chose de plus que la garantie de droit, n'est-il pas naturel de supposer que l'intention des parties n'a pas pu être de rendre la position du cessionnaire plus avantageuse, au cas où aucune promesse de ce genre n'a été faite?

Cette interprétation d'ailleurs peut reposer sur les motifs suivants : 1° la non-existence du droit cédé entraîne la nullité du contrat, et remet les parties au même état qu'avant la cession; 2° par l'action de garantie en général, le vendeur est tenu seulement d'indemniser l'acheteur, et non de lui procurer un bénéfice. « Quoi qu'il en soit, disait déjà Loyseau en la rédhibitoire, il n'échet pas indistinctement des dommages et intérêts comme en l'éviction et garantie formelle ; mais seulement il y échet l'intérêt du prix, et d'être indemnisé à l'occasion du contrat : *hoc est rationem haberi damni emergentis, non etiam lucri cessantis.* » Or, si le vendeur restituait à l'acheteur le montant de la créance, la non-existence du droit serait une bonne fortune pour le cessionnaire, au cas où le débiteur serait insolvable. Telle n'a pu être ni l'intention des parties, ni celle du législateur. 3° Il n'y a pas pour les créances, comme pour les immeubles, un prix d'affection. Le seul préjudice que puisse souffrir réellement l'acheteur de créances, c'est la perte de l'argent qu'il a donné. 4° Il est utile de prévenir des contrats usuraires qu'une décision différente pourrait favoriser.

Outre la restitution du prix de cession et des intérêts, le vendeur doit, conformément au principe général de l'art. 1630, rembourser à l'acheteur les frais et loyaux coûts du contrat, les dépens tant de la demande principale que de celle en garantie ; enfin, l'indemniser de toutes les autres pertes réelles que la cession a pu lui occasionner.

Mais *de droit* le cédant, nous l'avons dit, ne garantit pas même la solvabilité actuelle du débiteur (art. 1694). Bourjon dit très-laconiquement qu'il garantit « que la créance était *due*, non qu'elle était *bonne*. » C'est là une dérogation aux principes généraux selon lesquels la chose, jusqu'au moment du contrat, reste aux risques du vendeur. Elle est fondée sur deux motifs principaux. D'abord les parties sont présumées avoir voulu vendre et acheter la créance dans l'état où elle se trouvait. En second lieu, l'acheteur de créances est vu généralement d'un œil défavorable par le législateur. C'est ordinairement un spéculateur ; il cherche, moyennant de faibles débours, à faire le gain le plus grand possible ; il court une bonne chance de voir la créance s'améliorer, il doit subir la mauvaise résultant de l'insolvabilité. S'il achète, c'est qu'il y trouve son bénéfice.

Quant aux autres cas fortuits antérieurs ou contemporains à la vente, la règle reprend son empire : c'est le vendeur qui en subit les conséquences. Mais, cependant, on peut se demander ce qu'il faudrait décider au cas d'une prescription qui, commencée antérieurement à la cession, s'est accomplie depuis. Nous pensons, malgré la Cour de Bordeaux, que la prescription ne donnant avant l'expiration du temps requis aucun droit au débiteur, mais ne constituant qu'une espérance très-vague, qu'une simple interruption peut faire évanouir, l'acheteur est en faute de n'avoir pas fait cet acte conservatoire, comme il en avait le droit, même avant toute signification : il ne peut donc recourir contre le cédant.

Pour les cas fortuits, postérieurs au contrat, c'est l'acheteur, conformément aux principes généraux, qui doit les supporter. C'est par une pure conséquence de ce principe que la loi décide que l'insolvabilité future est à sa charge. Il en est de même de toutes les autres circonstances qui peuvent diminuer la valeur de la créance. Loyseau le décidait déjà ainsi, donnant pour exemple l'édit qui, de son temps, avait rabattu le tiers des arrérages dus aux rentes, et disant qu'il en serait de même « si on modérait au denier 15 ou 16 les rentes, » qui alors étaient au denier 12 (*Secus* Cassat., 13 décembre 1832).

Et on ne peut décider raisonnablement, comme le voulaient Pothier (574, *Vente*), et Cicéron (*De Officiis*), que le vendeur est obligé, d'après la bonne foi, à ne rien dissimuler de tout ce qu'il sait et de ce que l'acheteur a intérêt à savoir au sujet de la chose vendue. Ainsi, selon eux, il pécherait contre la bonne foi si, connaissant l'insolvabilité complète, il n'en a rien dit ; s'il n'a pas indiqué tous les événements fortuits qui pourront plus tard amener la baisse ou la diminution de valeur de la chose. Les publicistes modernes ont repoussé ces idées trop rigoureuses et ont décidé que ces événements ne doivent pas plus être indiqués par le vendeur que l'acheteur ne doit faire part au vendeur de ceux qui pourront produire la hausse ou l'augmentation. Ce sont là des accidents extrinsèques, dont les parties ne peuvent même aucunement être certaines d'avance. La morale ne s'offense en rien de ce qu'un père de famille tire de sa chose la valeur que l'opinion publique y attache au jour de la vente.

Les règles de la garantie que nous venons de développer s'appliquent aux accessoires de la créance, comme à la créance elle-même. Si donc un droit a été vendu comme hypothécaire, il faut que l'hypothèque promise soit entière au moment de la vente ; si une portion des biens en avait été affranchie auparavant, le cédant en serait responsable. Il en serait de même si une créance avait été vendue comme privilégiée, comme solidaire contre plusieurs débiteurs, comme cautionnée, comme pouvant s'exercer par voie de contrainte par corps ou d'exécution parée, le cessionnaire aurait le droit d'exiger que ces qualités existassent, et il aurait même le droit de fonder sur leur absence la résolution de la vente, s'il prouvait qu'elles ont été le motif déterminant du contrat.

Mais remarquons aussi qu'à l'égard de ces accessoires, comme à l'égard du droit principal, le vendeur n'est nullement garant de leur suffisance, de leur efficacité, il ne doit garantir que leur existence légale.

Voyons maintenant dans quels cas n'a pas lieu l'obligation de garantie. Elle cesse :

1° Quand les parties ont entendu faire un contrat purement aléatoire, que le vendeur a exprimé formellement qu'il n'entendait vendre qu'une prétention, une chance, une *alea*, comme l'on dit à l'école, ou un droit litigieux.

Remarquons que sous certains rapports toute vente de créances, le droit fût-il certain, est aléatoire en ce sens que l'acheteur court la chance de l'insolvabilité du débiteur. Mais ici il faut de plus, pour que la garantie n'ait pas lieu, que le caractère d'incertitude ne porte pas seulement sur la bonté de la créance, mais sur son existence elle-même.

2° Quand l'acheteur a déclaré acheter le droit à ses périls et risques (1629), c'est dire en d'autres termes qu'il ne le prend que comme simple prétention, qu'il reconnaît son incertitude.

Dans ces deux cas, le prix de la cession est moins l'équivalent de la créance elle-même, que la représentation de la chance, des prétentions plus ou moins fondées que le cédant peut avoir à la créance. On comprend alors que si le droit n'existe pas, le prix ne puisse être répété; car son payement a une cause. Le cessionnaire ne peut se plaindre de ce que les chances auxquelles il s'était exposé aient tourné contre lui.

3° Quand le cessionnaire a laissé consommer l'éviction par sa faute, en n'appelant pas en garantie son vendeur, qui prouve d'ailleurs qu'il aurait eu, s'il eût été mis en cause, les moyens suffisants pour écarter la demande du tiers (1640 C. Nap.). Le cessionnaire dans ce cas aurait sans doute droit à la restitution du prix, mais non au remboursement des frais du procès.

4° Quand l'acheteur connaissant, lors de la cession, l'incertitude du droit ou même son inexistence, sans toutefois avoir déclaré acheter à ses périls et risques, a laissé, malgré cette connaissance, insérer par le vendeur la clause de non-garantie. Si ces deux circonstances concourent, il n'y aura pas même lieu à la restitution du prix, au cas où le droit cédé n'existait pas (1629). L'article 1693, en effet, ne dispose que dans les termes du droit commun ; il n'a pas voulu établir un droit spécial, dérogatoire à l'art. 1629 : il n'y avait aucune raison pour cela ; c'est moins, en effet, en matière de ventes de créances que quand il s'agit de la vente de choses corporelles, qu'il y a lieu d'étendre les règles de la garantie, puisque les cessions de créances se font presque toujours au-dessous de leur valeur numérique. Quand donc ces deux circonstances se trouvent réunies, l'acheteur est censé n'avoir voulu acheter qu'une simple *alea*, et le prix en étant uniquement l'équivalent aura toujours eu une cause et ne sera jamais sujet à répétition.

Mais s'il y a simplement stipulation de garantie, sans que la deuxième circonstance coexiste, on peut croire qu'elle n'est pas suffisante pour affranchir le vendeur de l'obligation de restituer le prix, qu'elle le dispense seulement du remboursement des frais et loyaux coûts, et autres dommages et intérêts. C'est ainsi, en effet, qu'a toujours été entendue la clause de non-garantie. Rousseau de Lacombe rapporte un arrêt du Parlement de Paris, qui auroit ainsi jugé la question (v° *Garantie*, n° 11). Mais cette règle, comme toutes autres sur cette matière, devrait céder devant l'intention clairement manifestée des parties.

Il en serait de même s'il y avait eu, de la part de l'acheteur, simple connaissance de l'incertitude du droit, sans addition de la clause de non-garantie.

Si le cessionnaire, au lieu d'être évincé de la totalité, n'était évincé que d'une partie, il faudrait appliquer l'article 1637; le montant de son indemnité devrait être déterminé par une estimation de la partie absente, et non pas proportionnellement au prix total de la vente. On a soutenu le contraire, mais nous ne voyons aucune raison de ne pas appliquer l'art. 1637, d'autant plus que les motifs qui semblent avoir porté le législateur à abandonner, dans l'art. 1630, la théorie de Domat, ne se rencontrent pas dans notre hypothèse. L'éviction n'étant pas totale, on ne peut pas dire, en effet, qu'il y a lieu à la restitution du prix, faute d'objet à la matière de l'engagement.

Voilà ce qui concerne la garantie de droit, et les restrictions qui y peuvent encore être apportées par la convention des parties, c'est-à-dire les divers cas dans lesquels elle cesse, soit en totalité, soit seulement quant à la restitution des dommages et intérêts.

A l'inverse cette obligation de garantie peut être augmentée par des clauses expresses; elle deviendra alors ce qu'on appelle la garantie *de fait*, parce que cette garantie ne résulte pas de la nature même du contrat, et qu'elle a besoin d'être stipulée formellement pour exister.

Les effets de cette garantie de fait sont plus ou moins étendus, selon les termes de la convention qui lui donne naissance.

Et d'abord le cédant a pu simplement déclarer qu'il promettait la garantie de la solvabilité actuelle; il a pu le dire expressément en termes précis, ou dans des formules auxquelles les juges pourront reconnaître cet effet selon les circonstances. Ainsi il a pu dire qu'il faisait la vente *avec garantie* ou *avec garantie de fait*, ou *avec garantie de tous troubles et empéchements quelconques*. Ces clauses, et même la dernière, n'engagent le cédant qu'à répondre de la solvabilité actuelle, au jour de la cession, quelque étendue que semblent au premier abord avoir les mots *troubles et empéchements quelconques*, mais nullement de la solvabilité future. Si donc le débiteur est solvable au jour du contrat, et cesse de l'être pendant les poursuites du cessionnaire, eussent-elles été faites avec diligence, la perte en résultant sera pour l'acheteur.

Le cédant peut aller plus loin, et garantir la solvabilité future. Un pareil effet résultera, selon l'opinion commune, de la *clause de fournir et faire valoir* que le cédant aura insérée dans l'acte. Par là, le vendeur se rend, pour ainsi dire, caution du débiteur.

Mais que le vendeur ait promis la solvabilité à venir, ou

seulement la présente, le cessionnaire ne peut, sur le seul refus de payement de la part du débiteur, recourir contre son cédant.

Il n'a de recours que quand il a constaté l'insolvabilité du débiteur par une discussion complète de ses biens, et qu'il ne trouve pas même alors de quoi se payer. Le cédant, en effet, comme le disait Loyseau, n'a pas promis que le débiteur *voudra*, mais *pourra* payer, c'est-à-dire sera solvable. Et s'il y a plusieurs obligés, il faudra qu'il ait constaté que tous sont insolvables, tant débiteurs principaux qu'obligés accessoires.

Il faut, d'ailleurs, bien entendu, que cette insolvabilité, pour donner lieu au recours, ne résulte pas du fait ou de la faute du cessionnaire. Si donc il a *désobligé* quelqu'un des débiteurs solidaires ou des cautions, s'il a donné main-levée des hypothèques ou même s'il les a laissées prescrire, soit par le laps de temps, soit en omettant de se présenter à la procédure de purge, il doit subir les conséquences de ces actes. Propriétaire de la créance, il devait en prendre soin.

Remarquons cependant que le cédant aurait pu même dispenser le cessionnaire de cette obligation de discussion préalable. Par exemple, s'il avait promis de *payer pour le débiteur après simple commandement* ou *sommation au dé-biteur*. En ce cas, l'un de ces actes non suivi de payement suffirait au cessionnaire pour pouvoir exercer son recours en garantie.

Nous avons déjà dit en passant, et nous répétons qu'aux termes de l'art. 1694 la garantie de fait n'est jamais censée promise pour une somme excédant le prix de cession, sauf toujours stipulation contraire.

Le vendeur pourrait, en effet, s'obliger à garantir la solvabilité du débiteur pour une somme plus forte, et même pour tout le montant de la créance cédée. L'art. 1694 pose une règle de droit commun, comme interprétation de la volonté des parties. Cette présomption cesse devant une manifestation contraire licite; or, ni la loi, ni les bonnes mœurs ne s'opposent à cette extension des obligations du vendeur.

§ 3. — *Obligations de l'acheteur.*

Son obligation principale est de payer le prix de la cession, au lieu et à l'époque déterminés par le contrat, et, à défaut de stipulation, au moment de la délivrance des titres. Si la vente a été faite à crédit, le prix est payable au domicile de l'acheteur 1247,2°.

Les intérêts de ce prix sont dus : 1° dans tous les cas où la créance vendue porte intérêt, ce qui sera le plus fréquent, et dans les cas mêmes où elle ne produirait pas d'intérêts ;

2° Si l'acheteur a promis de les payer;

3° S'il a été sommé de payer le prix (1652).

Le prix est un des éléments essentiels du contrat de vente. Il doit consister en une somme d'argent, qui est l'équivalent de ce que reçoit l'acheteur.

Il peut consister en une rente viagère ou constituée, aussi bien qu'en une somme principale une fois payée (Pothier, retrait, n° 79). *Secùs* Merlin, v° *Rente viag.*, n° 18.

Il doit être sérieux, c'est-à-dire présenter avec la valeur de la créance une proportion raisonnable, qui puisse le faire considérer comme son équivalent. Si le prix n'a pas cette qualité, la vente manque d'un des éléments essentiels.

Mais il ne faut pas confondre avec un prix non sérieux, un prix qui serait seulement entaché de vilité, et qui n'empêcherait pas la vente de créances d'être très-valable. Car, il est certain qu'aujourd'hui les droits personnels peuvent être vendus pour un prix inférieur au montant de leur valeur numérique, et que c'est même ce qui arrive le plus ordinairement.

Si l'acheteur ne paye pas son prix en temps et lieu, le vendeur peut demander la résolution du contrat, aux termes de l'art. 1654, qui n'est qu'une application spéciale du principe posé à l'art. 1184, lequel dispose que dans tout contrat synallagmatique, chaque partie a le droit, en dehors même de toute clause spéciale, de demander la résolution du contrat si l'autre ne remplit pas ses engagements. Les règles de la garantie ne sont que l'application de cette règle contre le vendeur, qui manque à l'une ou l'autre de ses obligations. L'art. 1654 la reproduit au profit du vendeur qui ne reçoit pas son prix.

Cette résolution de l'art. 1184 a lieu de plein droit. Le juge peut cependant accorder un délai au débiteur, et le soustraire ainsi aux effets immédiats de la demande.

Si les parties, par mesure de précaution, ne se sont pas contentées de cette faveur que leur offrait la loi, et ont inséré expressément la clause que le *contrat sera résolu*, ou même *sera résolu de plein droit* au cas où l'une des parties manquerait à son obligation, la loi respecte cette clause que les Romains appelaient *pacte commissoire*, et alors la résolution s'opère, dès l'instant où la condition, où le cas prévu se trouve accompli, sans qu'il soit nécessaire de faire déclarer en justice cette résolution : il en résulte qu'il n'y a pas pour le débiteur de délais de grâce à obtenir du juge, comme au cas de la condition tacite. Cependant, même dans ce cas de clause commissoire, la résolution n'a pas lieu par la seule échéance du terme : il faut encore une mise en demeure opérée conformément aux principes généraux. Cela vient de ce que notre Code a abrogé en principe l'ancienne maxime *Dies interpellat pro homine*. Toutefois, la loi permet que par une convention formelle les parties ressuscitent l'effet de cet adage, en déclarant que la résolution aura lieu sans mise en demeure (1139).

Remarquons qu'outre l'action en résolution, le vendeur peut, s'il le préfère, exercer le privilége que lui donne l'art. 2102 4°. Ce point ne souffre plus maintenant la moindre controverse. L'article en effet accorde le privilége au vendeur d'*effets mobiliers*. Or, la combinaison des art. 533 et 535 C. Nap. fait voir d'une manière évidente que ces mots comprennent non-seulement les meubles corporels en général, mais tous les meubles incorporels, tels que créances, offices, etc..., la jurisprudence d'ailleurs est constante à cet égard. (Cassation, 28 nov. 1827, 16 fév. 1831, 13 mai 1835.)

CHAPITRE V.

TRANSMISSION DE LA PROPRIÉTÉ A L'ÉGARD DES TIERS.

Nous avons vu, dans le chapitre précédent, que le seul contrat dépouille le vendeur de la propriété de la créance, et en investit l'acheteur, mais seulement d'une manière relative ; malgré la cession, malgré même la délivrance des titres, c'est toujours le vendeur qui reste propriétaire au regard des tiers, parce que ces opérations ont pu se faire à leur insu, et qu'ils n'en ont pas légalement eu connaissance.

A Rome déjà, le cessionnaire n'acquérait aucun droit à la créance, tant que le débiteur n'avait pas accepté la cession, soit en faisant au cessionnaire un payement partiel, soit en défendant à ses poursuites, ou tant que le cessionnaire ne lui avait pas dénoncé la cession (Const. 3, *Denoval.*).

Notre ancien droit succéda à ces principes, comme le prouve l'art. 108 de la coutume de Paris déjà cité.

Notre Code, tout en repoussant en principe les anciennes dispositions des coutumes sur la transmission de propriété, les a maintenues exceptionnellement en notre matière, comme déjà nous l'avons dit, et a déclaré (art. 1690) qu'avant que la cession n'ait reçu une certaine publicité par la signification du transport au débiteur, ou par une acceptation authentique de sa part, le cessionnaire ne serait pas saisi de la créance à l'égard des tiers.

Quelles personnes sont comprises dans cet article sous le nom de *tiers ?* A l'exception des successeurs à titre universel (lesquels ne sont évidemment pas des tiers en vertu de l'art. 1122), ce sont, en général, toutes les personnes autres que les parties contractantes, et qui ont de plus intérêt à connaître ou à contester la cession.

Ainsi : 1° le débiteur cédé. L'art. 1689 lui donne spécialement le nom de tiers, et l'art. 1691 l'autorise en conséquence à se prévaloir du défaut de signification.

2° Tous ceux, en général, qui auront acquis, avant la signification ou l'acceptation du transport, un droit indépendant sur la créance cédée. Ce seront tous les créanciers du cédant, qui auront formé saisie-arrêt avant la signification ou l'acceptation. Peu importe, quant à la dénomination de tiers, qu'ils aient acquis leurs droits avant ou après la cession. Un arrêt de cassation (28 juillet 1828) qui ne donne le droit d'invoquer l'art. 1690 qu'à ceux qui sont devenus créanciers entre le transport et la signification, est généralement repoussé comme contraire aux idées reçues sur la matière [1], est condamné d'ailleurs par l'art. 1689, qui donne au débiteur le nom de tiers, bien qu'il ne soit nullement dans les conditions exigées par l'arrêt pour faire des tiers, et est enfin contraire à la propre jurisprudence de la Cour suprême, selon laquelle « le mot *tiers* étant pris d'une manière générale, illimitée, absolue dans l'art. 1690, comprend les créanciers antérieurs au transport comme les postérieurs (arrêt 2 mars 1814). »

Seront encore des tiers : le créancier auquel la créance cédée aura été donnée en gage par le cédant ; enfin un deuxième cessionnaire de la créance déjà cédée, et qui aura fait signification avant le premier.

Selon quelques personnes, la signification exigée par le Code est un vestige suranné de l'ancien droit, une exception non motivée aux principes du Code sur la transmission de la propriété. A leur sens, il eût été plus simple, il eût suffi aux rédacteurs d'exiger que tout transport de créance fut fait par acte authentique. C'est là, selon nous, une erreur. Cet acte authentique eût sans doute suffi à donner date certaine à la cession, et à empêcher le propriétaire d'une créance d'antidater frauduleusement des actes de cession. Mais il y avait d'autres dangers à craindre, un autre but à atteindre. Il fallait :

1° Faire connaître la cession au débiteur. Or, supposant

<hr>

[1] C'est même principalement pour protéger les créanciers antérieurs à la cession, et pour empêcher des cessions simulées, que le Code a exigé de la part du cessionnaire une prise de possession publique.

une cession faite par acte authentique, comment le débiteur saurait-il qu'il ne doit plus payer au cédant? Comment pourrait-on lui reprocher d'avoir vidé ses mains dans celles des créanciers qui ont pu, par des oppositions faites sur lui, exercer les droits de celui à qui il devait?

2° La faire connaître aux autres tiers. Sans doute la signification ou l'acceptation n'est pas un avertissement bien direct en leur faveur, ne donne pas une publicité bien grande à la cession ; mais le législateur, à défaut de moyen meilleur, a pensé que ceux qui veulent contracter avec le cédant iraient chez le débiteur s'informer si celui avec lequel ils veulent traiter, ou dont ils veulent exercer les droits, est encore le vrai créancier.

3° Prévenir autant que possible les simulations de cessions, comme sont trop souvent tentés d'en faire des débiteurs de mauvaise foi, pour frauder des créanciers légitimes. Or, l'acte authentique n'était pas une garantie suffisante dans ce but : le législateur n'a pas cru devoir y ajouter une foi entière.

Il fallait, en un mot, que le cessionnaire rendît sa propriété certaine, en élevant, comme le dit M. Troplong, une barrière entre l'ancien créancier et le débiteur ; qu'il prouvât manifestement le défaut d'intérêt ultérieur et le dessaisissement sérieux du cédant, en faisant connaître que ce n'est plus à ce dernier que le débiteur et les tiers doivent avoir affaire.

Si cette prise de possession par la signification n'est pas un moyen de faire cesser toutes les surprises, toutes les fraudes, elle les rend du moins plus difficiles, en obligeant l'acheteur à un rôle actif qui répugne à un simple prête-nom.

SECTION I.

FORMES DE LA SIGNIFICATION ET DE L'ACCEPTATION.

La signification de la cession est, comme toute signification, un acte d'huissier ; faite par un notaire, elle serait nulle (Bruxelles, 23 mars 1811).

Elle doit être faite à la personne du débiteur, ou à son domicile réel, et non à celui qu'il aurait choisi pour l'exécution de la convention génératrice du droit ; car la cession n'est nullement un acte d'exécution (*Id.*, 30 nov. 1809).

Il n'est plus besoin que cette signification contienne copie du transport : c'est avec raison que notre Code a supprimé cette exigence de la coutume : l'important, en effet, est de faire connaître l'existence du transport, et non d'en révéler toutes les clauses.

La signification peut être faite, soit à la requête du cessionnaire, soit à celle du cédant, comme le suppose 1693. L'intérêt du premier est évident; celui du cédant n'apparaît pas si clairement : il n'est cependant pas impossible qu'il tienne à ne plus avoir de relations avec le débiteur, et à faire savoir qu'il est désormais désintéressé.

Si la signification du transport est nulle, la cession elle-même ne peut produire aucun effet à l'égard des tiers (Cass., 3 prairial an IX).

A défaut de signification, la créance reste, à l'égard des tiers, sur la tête du cédant. Cependant la loi, tout en prescrivant au cessionnaire l'obligation de signifier, a admis à cette formalité un équivalent qui consiste dans l'acceptation de la cession faite par le débiteur. Elle doit être faite; pour avoir les mêmes effets que la signification, dans un acte authentique. Faite dans un acte sous seing privé, ou verbalement, ou même implicitement par un aveu, ou un premier payement, ou toute autre voie légale, comme la défense volontaire à l'action du débiteur, elle aurait bien certains effets, et entre autres celui de lier le débiteur au cessionnaire (1322), mais elle ne transporterait pas à celui-ci la propriété de la créance relativement aux tiers.

L'acceptation faite dans l'acte de cession, si cet acte est authentique, produirait dessaisissement du cédant, comme si elle avait lieu dans un acte postérieur; car le vœu de l'article 1690 serait rempli : cet article n'exige pas en effet que l'acte authentique d'acceptation soit distinct de la cession. Les tiers, créanciers du cédant, ou ceux auxquels postérieurement il céderait de nouveau la créance, ne seront pas mieux instruits de l'existence du transport par une acceptation faite le lendemain que par celle faite dans l'acte même. Or c'est dans leur seul intérêt que la loi a prescrit la publicité de la cession.

Bien que l'acceptation produise en général les mêmes effets que la signification, elle a cependant, à l'égard du débiteur, quelques effets particuliers; elle le rend non recevable à opposer au cessionnaire les exceptions qu'il pouvait opposer au cédant. L'art. 1295 s'en explique formellement pour la compensation et doit, par analogie de motifs être étendu à tout moyen de défense. En acceptant la cession, le débiteur a en effet reconnu que c'est au cessionnaire qu'il est désormais tenu de payer, et que si désormais il paye au cédant soit directement, soit indirectement, par compensation ou autrement, il s'expose à payer deux fois. La signification, elle, ne produit aucun effet semblable; elle ne contient aucun aveu de la part du débiteur, aucune renonciation, ni formelle, ni tacite de sa part à se prévaloir des droits qu'il eût pu opposer aux poursuites du cédant.

Si plusieurs significations ou acceptations ont lieu le même jour, avec indication de l'heure, le cessionnaire de la créance signifiée ou acceptée la première aura la préférence. Si elles ont été faites sans cette indication, ce qui sera le plus ordinaire, ils concourront tous au marc le franc, sans qu'on puisse prouver par témoins l'antériorité d'un acte sur l'autre. L'art. 2147 ne fait nullement obstacle à cette décision; il est fondé sur des considérations particulières au système hypothécaire. Et si la Cour de Cassation a autorisé par un arrêt la preuve testimoniale en pareille matière, c'est que dans l'espèce il était indispensable d'établir lequel des deux actes avait été signifié le premier.

Le transport bien que signifié peut être annulé s'il est frauduleux. En effet, si la signification opère saisie à l'égard des tiers, elle ne peut couvrir la fraude (1167).

Or, 1° très-fréquemment les cessions de créances futures, comme de loyers ou arrérages à échoir, sont frauduleuses : un créancier qui aliène des expectatives plutôt que des réalités est ordinairement dans la détresse et a des créanciers que doit léser cette cession. M. Delvincourt va même jusqu'à décider que dans ces ventes de choses à venir, la signification n'opère translation de propriété qu'au fur et à mesure des échéances, qu'elle n'empêcherait donc pas les effets d'une saisie à l'égard des intérêts à échoir postérieurement à la saisie, mais qu'en ce cas le cessionnaire concourrait avec ces créanciers saisissants. Cette opinion n'est pas, selon nous, conforme au principe. Aucun article ne limite l'étendue de la signification. Elle donne donc au cessionnaire un droit exclusif sur les fruits à venir, et empêche toute saisie ultérieure, mais à deux conditions : 1° qu'elle soit faite sans fraude; c'est aux juges à apprécier si les parties ont été de bonne ou de mauvaise foi ; 2° que l'immeuble, par exemple, dont les fruits à échoir sont cédés, ne soit pas déjà hypothéqué; car la cession serait sans effet à l'égard des créanciers hypothécaires pour tous les fruits échus à partir de l'aliénation de l'immeuble (2166 C. N.) ou à partir de la transcription de la saisie (682, 685 C. p.). Les fruits sont immobilisés à partir de cette époque au profit des créanciers, autrement ceux-ci seraient trop facilement frustrés de leur gage. L'art. 2091 rend d'ailleurs cette décision incontestable.

2° En matière commerciale une présomption de fraude se tire souvent du rapprochement entre la date des actes et l'époque de l'ouverture de la faillite. Nous donnerons plus loin quelques développements à cet égard.

Nous n'admettrions pas, comme M. Pardessus (t. II, p. 323), que l'acceptation du débiteur, quoique non authentique et simplement prouvée par ses livres, suffirait pour opérer la transmission des créances commerciales à l'égard des tiers.

On peut se demander si la connaissance que le débiteur ou les tiers intéressés auraient indirectement acquise de la cession ne suppléerait pas à la signification ou à l'acceptation et ne les empêcherait pas d'exciper du défaut d'accomplissement de ces formalités. Si c'est le débiteur qui veut argumenter de ce qu'il sait que la cession a eu lieu, pour refuser à son créancier primitif le payement de la créance, il serait évidemment mal fondé dans sa prétention, car tant qu'il n'y a pas eu de signification, il est censé ne pas connaître la cession. D'ailleurs, il n'a rien à craindre en payant au premier titulaire (1691), il ne peut donc lui refuser payement. Il en serait de même à l'égard du cessionnaire qui, signifiant postérieurement à ce payement fait au cédant, prétendrait critiquer ce payement sous prétexte que le débiteur, en le faisant, connaissait la cession. *A fortiori*, ce cessionnaire ne pourrait-il pas opposer aux créanciers du cédant ou à un deuxième cessionnaire, que la connaissance acquise par le débiteur du transport a valu saisine en sa propre faveur, malgré l'autorité de la Cour de cassation (25 juill. 1832). L'article 1690 exige, en effet, l'acquiescement authentique du débiteur au transport. Si cette acceptation avait lieu par acte privé, elle n'aurait aucune force à l'égard des tiers. A plus forte raison doit-on le décider ainsi quand le débiteur n'a pas accepté, même verbalement.

Mais la question devient plus délicate si on suppose que ce sont les tiers, autres que le débiteur, qui, contestant au cessionnaire la propriété de la créance cédée, avaient eu eux-mêmes connaissance du transport, antérieurement à l'époque où ils ont acquis leurs droits. Nous la déciderions contre les tiers, comme le faisait Chopin sur la coutume de Paris (titre *Des Actions personn.*, n° 8) et comme le fait de nos jours la Cour de cassation. La circonstance qu'ils ont connu le transport les constituera presque toujours en état de mauvaise foi et dénotera un concert frauduleux avec le cédant. Mais il faudra que les faits dont on veut induire cette connaissance aient quelque chose de non équivoque, qu'ils ne laissent aucun doute sur la volonté du tiers. Par exemple : après une première cession, le cédant en fait une deuxième à une personne qui a connu la première, qui a assisté même à cette cession. Bien que la deuxième soit signifiée avant l'autre, nous pensons que le premier sera préféré ; la tradition qui a eu lieu à l'égard des tiers par la signification ne donne de préférence que s'il y a bonne foi de la part de celui qui possède (1141 C. Nap.).

Exceptions à la nécessité de la signification, ou de l'acceptation pour le transport de propriété.

Nous avons dit que dans toute cession de créances, même de créances commerciales, la signification ou l'acceptation est nécessaire pour opérer l'aliénation du droit vis-à-vis des tiers, sauf les dérogations expresses que la loi aurait consacrées. Or, la forme du titre constitutif de la créance rend quelquefois la signification inutile. Cela a lieu pour les titres à endossement (lettres de change et billets à ordre), pour les titres simplement au porteur, pour les rentes sur l'État et les actions de la Banque de France, et enfin pour les actions de plusieurs sociétés.

I. Endossement.

La rapidité qu'exigent les relations commerciales a fait introduire une sorte de monnaie factice, dont la circulation ne soit entravée ni par la perte de temps, ni par les frais : cette monnaie, ce sont les lettres de change et les billets à ordre ; pour en faciliter la transmission, on concéda aux titulaires de ces créances la faculté de les céder par une simple déclaration inscrite au dos du titre et appelée de là *endossement*. A cet effet, il est dit dans le corps de l'acte qui constate la créance, qu'elle sera payable non-seulement au bénéficiaire qui y est indiqué, mais à toute autre personne par lui désignée, et à laquelle il aura donné l'ordre de recevoir payement. Cette mention *à ordre* est un mandat donné d'avance pour autant de fois qu'il sera nécessaire. Cette manière de procéder n'a pas d'ailleurs toujours été en usage. Avant le commencement du dix-septième siècle, quand la lettre de change n'était pas encore connue, il fallait, pour opérer la cession des créances commerciales, un mandat spécial donné au cessionnaire, comme pour toute espèce de créances.

L'endossement ne vaut comme transport que quand il est régulier : dans ce cas il opère la transmission de la propriété de la créance sans aucune signification au tiré (c'est-à-dire à la personne à laquelle s'adresse l'ordre de payer), ni sans aucune acceptation de ce dernier. Or, pour qu'il soit régulier, il faut :

1° Qu'il énonce le nom de celui à l'ordre duquel la cession est faite ;

2° Qu'il exprime la valeur fournie pour prix de la cession et la nature de cette valeur ;

3° Qu'il soit daté; la date fait connaître quelle est la capacité du cédant au moment de la cession. Les antidates sont punies de faux (139 Co.), et aucun autre moyen n'existe pour prouver la date qui aurait été omise.

Quand l'endossement ne réunit pas toutes ces conditions il est *irrégulier*; il ne transporte pas alors la propriété et ne vaut que comme procuration, donnant le pouvoir de toucher et de donner quittance.

Par l'endossement régulier, le preneur (c'est-à-dire celui au profit duquel la lettre de change est souscrite et qui y est dénommé) transfère au cessionnaire tous ses droits contre le tireur (celui qui a souscrit la lettre), et de plus s'en rend garant.

Il est en de même de la cession faite par ce premier cessionnaire et de toutes les cessions subséquentes, de sorte que le dernier des cessionnaires, ou porteur, a contre le tireur tous les droits du preneur, et de plus des droits semblables contre chacun des endosseurs (164 C. Com.). Seulement, en cas de faillite de l'un des endosseurs (144 id.), le porteur n'a plus droit, comme sous l'ancienne loi commerciale, de demander caution à tous les endosseurs postérieurs au failli. Ce n'est qu'au cas de la faillite de l'accepteur que les autres obligés sont tenus de donner caution pour le payement à l'échéance. Chaque endosseur ne garantit donc plus toutes les signatures qui se trouvent sur le titre au moment où il en fait la cession. Disposition peu équitable, car on doit être garant de tout ce qu'on a cédé, et quand on endosse une lettre, on cède avec le titre les signatures qu'il porte à ce moment.

Si l'endossement est fait par acte séparé, il n'a d'effet qu'entre les parties contractantes, selon la règle générale de l'article 1322.

Ce mode de cession est applicable non-seulement aux lettres de change, mais aussi aux *billets à ordre*, c'est-à-dire aux titres de créance par lesquels le souscripteur du titre s'engage à payer une certaine somme au créancier (appelé dans la pratique bénéficiaire) ou à son ordre, à une époque déterminée. Les cessionnaires de ce créancier s'appellent porteurs.

Le dernier porteur d'un billet à ordre est avec les endosseurs successifs de ce billet dans les mêmes rapports que le porteur de la lettre de change avec les endosseurs de cette lettre.

Quand le billet ne renferme pas la clause à *ordre*, il n'est plus qu'un simple billet qui n'a en soi rien de commercial et qui ne peut être transmis par endossement.

Le transport par endossement peut encore avoir lieu :

1' Pour les billets à domicile, c'est-à-dire les billets renfermant la clause à ordre, mais souscrits dans un lieu et payables dans un autre;

2° Aux actions et obligations émises par une société quand ses statuts autorisent l'emploi de ce mode de transmission ;

3° Aux lettres de gage émises par les sociétés constituées dans le but de prêter sur hypothèque. (Loi 28 février 1852.)

Mais en dehors de ces exceptions, la convention des parties ne pourrait rendre d'autres créances transmissibles en cette forme, car l'endossement est un mode d'exception ; dans tous les cas non exceptés il faudra en revenir aux dispositions du droit commun de l'article 1690. La Cour de cassation qui, dans une espèce d'un marché entre négociants concernant des marchandises à livrer, a décidé que l'article 1690, applicable à de simples créances, ne l'est pas à des marchés qui lient, sous des rapports particuliers, ceux qui les ont souscrits, a, selon nous, fait une fausse interprétation de la loi, en établissant des exceptions que le législateur n'a indiqué nulle part l'intention de créer. D'ailleurs, si l'article 1690 n'eût pas été applicable aux créances commerciales, comme à toutes autres, à quoi eût servi aux rédacteurs du C. de Comm. de faire des dispositions spéciales pour certaines d'entre elles?

Il résulte encore de là qu'une créance hypothécaire ordinaire ne pourrait être transmise par endossement.

Mais si cette créance hypothécaire était mise sous la forme de billets endossables, le transport qui se ferait par endossement de la créance principale ne transférerait-il pas aussi l'hypothèque? Oui, dans notre opinion. La transmission du principal entraîne celle de l'accessoire (1692). Ce système d'ailleurs favorise le crédit général, en donnant plus de sécurité aux effets de commerce, et en permettant de transformer des créances hypothécaires en valeurs facilement échangeables.

II. Transfert.

L'aliénation de certaines créances s'opère en inscrivant, au nom du cessionnaire, la créance qui est au nom du cédant, soit sur les registres de l'Etat, soit sur ceux de la compagnie débitrice, et en faisant certifier ce changement de propriété par la signature des parties et de certaines autres personnes.

Ce mode particulier de cession s'appelle *transfert* : les créances auxquelles il s'applique s'appellent *nominatives*, parce que, à la différerce de celles au porteur et à endossement, elles ne sont réputées vis-à-vis de la caisse débitrice appartenir qu'à celui dont le nom est inscrit sur le livre destiné à constater la propriété de ces valeurs, ce qui permet à l'Etat ou à la société, débiteurs, de connaître toujours et sûrement leurs créanciers, de ne payer qu'aux ayants droit, et enfin de pouvoir toujours contraindre ceux-ci à remplir les obligations prises ou acceptées par eux (selon qu'ils sont premiers titulaires ou cessionnaires postérieurs).

Il s'applique surtout aux rentes sur l'Etat. Leur création, vulgairement et improprement appelée *Emprunt*, consiste dans la vente d'une créance d'arrérages périodiquement faite par l'Etat, moyennant un prix capital payé d'avance une fois pour toutes par les acheteurs, qui acquièrent en retour le droit à la rente. Ceux-ci ne peuvent jamais demander le remboursement du capital qu'ils ont versé ; l'Etat seul peut, quand il le veut, le rembourser, c'est-à-dire qu'alors il *rachète* (c'est bien, en effet, une deuxième vente, un deuxième achat, un rachat) les diverses créances d'arré - rages par lui vendues, et le prix de ce rachat c'est le remboursement du capital.

Le transport de ces rentes ne peut se faire directement entre les parties elles-mêmes ; elles doivent recourir au ministère forcé des agents de change, qui concluent, à la

Bourse, toutes les cessions de rente dont ils sont chargés, les inscrivent sur leur carnet et le jour même les reportent sur leur livre Journal.

Dans les cinq jours, l'agent de change acheteur doit faire transférer sur le grand-livre de la dette publique les rentes vendues, c'est-à-dire faire mettre au nom de son client les rentes qui sont inscrites à celui du vendeur.

La facilité remarquable avec laquelle se transmettent ces valeurs leur donne une grande importance, en ce qu'elles offrent à tous les capitaux disponibles un placement toujours facile et sûr; mais elles offrent aussi leur côté désastreux, en ce que trop souvent, sous le couvert de conventions, de cessions usuelles et ordinairement sans danger, se pratiquent des opérations secrètes, un agiotage effrené, un jeu qui ruine le crédit des Etats, les famillles, et sème de grands désordres dans la société. Nous voulons parler des marchés à terme, à la hausse ou à la baisse, dont le législateur s'est de tout temps efforcé de réprimer les abus, tantôt en les prohibant absolument, tantôt en les soumettant à des conditions comminatoires (dont l'absence entraînait la nullité de la cession), indépendamment de peines très-sévères (Arrêts du Conseil, 1724, 1785, 1786.—Loi 2 avril, 8 mai 1791 ;—10 fructidor an III, 28 vendémiaire an IV, 2 ventôse an IV ; — art. 85 et 86, 90 C. comm.). Enfin, le Code pénal (articles 421-422) édicte des peines contre ces jeux sur les fonds publics, mais il ne prohibe que les marchés à terme fictifs, et encore de la part du vendeur seulement, afin d'empêcher les marchés à la baisse. Ces articles ont remplacé tous les anciens règlements sur la matière, et sont aujourd'hui le fondement de la législation, mais ils sont insuffisants : la difficulté de prouver l'insolvabilité du vendeur au moment de l'opération en rend l'application presque impossible; en outre, ils laissent en dehors de toute prohibition les marchés à terme par un vendeur solvable, et au profit de l'acheteur, dans tous les cas, bien qu'ils puissent servir à l'agiotage le plus immodéré. Dans le silence de la loi pénale, les tribunaux criminels sont désarmés; mais nous pensons que les tribunaux civils peuvent, en vertu de l'article 1965, toutes les fois qu'il sera porté devant eux une action relative à l'exécution d'un marché à terme, déclarer la demande non recevable. Par là, si l'agiotage n'est pas détruit, il est du moins beaucoup entravé : ces opérations ne pouvant donner lieu à des obligations sanctionnées par la loi, ceux qui les font craindront de s'y livrer, dans leur propre intérêt.

Ce mode de transfert s'applique de même aux actions émises par les sociétés et les compagnies créées pour faire la banque (notamment aux actions de la Banque de France), ou pour entreprendre de grands travaux publics.

De telles actions sont bien réellement des créances, bien qu'au fond elles consistent dans un droit à une portion du fonds social, et que leur nature dépendra de celle de ce fonds à la liquidation. Mais tant que dure la société, on peut considérer ces actions comme une créance contre la personne morale société, créance donnant droit à des intérêts et bénéfices annuels.

La cession d'une action de ce genre opère-t-elle une novation qui décharge le précédent porteur de l'accomplissement des obligations qui y sont attachées, et les fasse retomber dorénavant sur le cessionnaire exclusivement? Supposons, par exemple, que l'obligation a été émise moyennant le payement comptant d'un quart seulement de sa valeur, avec indication des époques où devront être faits les versements successifs des trois autres quarts. Si le propriétaire originaire de cette créance la cède, restera-t-il obligé à ces payements successifs, concurremment avec son cessionnaire, et celui-ci sera-t-il astreint à la même obligation avec tous ses cessionnaires successifs? Nous pensons, 1° que la cession ne déchargera pas le souscripteur primitif, que l'action soit nominative ou au porteur, et que, dès lors, les garanties qu'il a données, soit gages, soit cautionnements, subsisteront. C'est lui, en effet, qui a pris l'engagement de payer vis-à-vis la société et les tiers qui contractent avec elle; tous ont compté sur sa solvabilité; lui permettre de se décharger, en cédant son droit, serait les tromper ; 2° que, si l'action est nominative, les cessionnaires successifs étant connus par le transfert, rien n'empêchera de les astreindre à accomplir les engagements qui résultent de la propriété de ces créances : ils n'ont pu vouloir en recueillir les bénéfices sans en supporter les charges. Si, au contraire, l'action est au porteur, le porteur et le souscripteur seuls seront obligés, car eux seuls sont connus comme cessionnaires.

Du reste, dans presque toutes les sociétés qui émettent des actions, sans astreindre personnellement les porteurs à faire les versements convenus, on déclare le titulaire, à défaut de payement, déchu de ses droits, les payements antérieurement faits acquis à la société ; et, pour se remplir de ceux à faire, on fait vendre au cours du jour les actions qui les doivent.

III. Simple délivrance.

Le plus simple et le plus rapide de tous les modes de transmission de créance est celui qui s'applique aux créances payables au porteur. On appelle ainsi les titres payables à quiconque les a en sa possession. La simple possession, conformément à 1141 et 2279, fait présumer la propriété. Ils se transmettent, comme une pièce de monnaie, par la simple délivrance de la main à la main.

Les créances auxquelles s'applique ce mode d'aliénation sont :

1° Les lettres de change et les billets (Loi 25 therm. an III);

2° Les actions émises par les sociétés dont les statuts l'établissent ainsi (art. 25 com.);

3° Les rentes (ordonn. 29 avril 1831).

SECTION II.

EFFETS DE LA SIGNIFICATION OU DE L'ACCEPTATION.

Du principe que, jusqu'à la signification ou l'acceptation authentique, le cédant reste propriétaire à l'égard des tiers, il résulte : 1° que, jusqu'à la signification[1], le cédant a le droit exclusif d'intenter toutes les actions et d'exercer toutes

---

[1] Désormais, *brievitatis causâ*, nous ne parlerons plus que de la signification, et non de l'acceptation : leurs effets étant en général les mêmes.

les poursuites relatives à la créance cédée, soit contre le débiteur principal, soit contre les obligés accessoires. Ni les uns ni les autres, sur ses poursuites, ne peuvent lui opposer que ce n'est plus lui qui est créancier, qu'il s'est dépouillé de ses droits, et, en conséquence, lui refuser le payement. Il leur répondra que, jusqu'à la signification, ils ne sont pas censés légalement avoir connaissance de la cession; que, jusqu'à ce moment, elle n'existe pas pour eux. Le débiteur ne pourrait non plus se prévaloir vis-à-vis du cédant des exceptions qu'il pourrait opposer aux poursuites du cessionnaire.

Mais le cédant, qui a reçu le payement du débiteur, ainsi valablement libéré, ne pourra, à l'égard du cessionnaire, se prévaloir du défaut de signification, et sera soumis, par l'action en garantie, à lui restituer la somme reçue.

2° Le tiers détenteur, poursuivi en délaissement pour une créance inscrite, n'est pas recevable, avant la signification, à prétendre que celui qui le poursuit a cédé ses droits (Bordeaux, 7 août 1829).

3° Le cédant n'étant dessaisi, et le cessionnaire saisi de la propriété à l'égard des tiers que par la signification, si, avant ce jour, la faillite est survenue, le cédant n'a plus désormais le droit de disposer de ses biens : la masse de ses créanciers est saisie de tout le patrimoine, et partant de la créance, eût-elle été cédée bien antérieurement à la faillite; et c'est en vain que le cessionnaire ferait ultérieurement la signification : il arriverait trop tard pour prendre possession de la créance. La Cour de Paris a ainsi jugé, même en un cas où le transport avait été fait avant la faillite par acte authentique, et avait partant acquis date certaine avant le dessaisissement du cédant au profit de ses créanciers (13 décembre 1814). Remarquons, d'ailleurs que, dans ce cas, la cession étant supposée valablement faite, l'acheteur pourrait se présenter comme créancier, et viendrait au marc le franc avec tous les autres.

Mais si le transport avait eu lieu depuis le jour fixé par le jugement, comme étant celui de la cessation des payements, ou dans les dix jours qui ont précédé, la cession serait nulle de plein droit (art. 446 C. comm.), et le cessionnaire n'aurait aucune qualité pour se présenter même comme simple créancier.

4° Le cédant peut faire et peut seul faire tous les actes conservatoires, et même interjeter appel en son nom personnel (Bordeaux, 29 avril 1829); consigner les aliments pour le débiteur incarcéré (Paris, 15 oct. 1829); prendre et renouveler les inscriptions hypothécaires, faire des poursuites, à fin d'exécution; en un mot, agir en véritable propriétaire de la créance. Cependant la Cour de cassation, pensant qu'il serait trop rigoureux d'annuler les actes conservatoirement faits par le cessionnaire avant la signification, a validé des inscriptions hypothécaires par lui faites, et même certains actes conservatoires qui seraient refusés au cédant. La Cour se fonde sur l'art. 1689, duquel il résulte que la propriété n'appartenant plus au cédant repose nécessairement sur la tête du cessionnaire, et que le droit de faire des actes conservatoires et d'agir relativement à l'objet cédé n'appartient plus au cédant, mais au seul cessionnaire, sans autres limites que celles littéralement consacrées par la loi (28 juillet 1828).

Nous ne pensons pas qu'il faille pousser si loin les conséquences de l'article. Sans doute la remise des titres peut être un empêchement de fait à certains actes conservatoires du cédant; il est vrai aussi qu'entre eux deux cette remise suffit pour la délivrance, et même que nulle délivrance n'est nécessaire pour le transport de propriété. Mais c'est relativement aux tiers que l'on doit apprécier la validité des actes conservatoires. Or, le cédant étant, à leur égard, réputé propriétaire jusqu'à la signification, lui seul doit avoir qualité pour agir dans la rigueur des principes.

Si donc on veut valider certains actes conservatoires du cessionnaire, c'est par des considérations d'équité qu'on doit se déterminer, et non par l'application des principes. Mais on ne saurait, selon nous, aller au delà et refuser au cédant, comme le voudrait la Cour suprême, un droit qui n'appartient véritablement qu'à lui.

Quant à la question spéciale de savoir si la surenchère faite par le cessionnaire d'un des créanciers du saisi, avant la signification au débiteur ou aux syndics qui le représentent, est un acte conservatoire (espèce dans laquelle la Cour de cassation a rendu l'arrêt dont nous venons de parler), nous la déciderions encore par la négative. L'acheteur peut, en sa qualité de *tiers*, dire qu'il avait un droit acquis, que la surenchère qui le modifie n'eût pu émaner que de celui sur lequel reposait encore, relativement à lui, la propriété de la créance cédée, c'est-à-dire du cédant seul ; que cet acte est plus grave qu'un acte conservatoire, car il trouble le droit d'un tiers. N'est-ce pas d'ailleurs pour cela que la Cour de cassation elle-même a déclaré un cessionnaire non recevable à former une tierce opposition à un jugement rendu contre le cédant au profit du débiteur qui n'a pas reçu signification ? L'adjudicataire peut donc repousser le cessionnaire, en lui disant : Vous n'avez pas signifié, je ne vous connais pas ; vous êtes pour moi un étranger. Quelques personnes ont décidé, dans cette espèce, comme la Cour suprême, en se fondant sur ce que la vraie intention de la loi, dans l'art. 1690, est d'empêcher que la situation des tiers ne soit modifiée par des transmissions occultes de droits ; qu'on doit, en conséquence, déclarer non avenus les actes du cessionnaire faits avant que la cession ait reçu la publicité convenable, mais seulement quand ces actes ont des résultats qu'ils n'auraient pas eus, si le cédant les eût faits ; qu'ici l'existence de la cession est sans influence sur les conséquences de l'acte, qu'il importe peu en effet pour sa validité ou ses suites qu'il émane du cédant ou du cessionnaire ; qu'en conséquence il n'y a aucune raison de ne pas maintenir cette surenchère, sans s'occuper de qui elle émane.

Malgré cette argumentation, plus spécieuse que juridique, nous persistons dans notre opinion.

Le cessionnaire pourra donc valablement faire tous actes conservatoires du droit cédé. Il est vrai que le cédant conserve aussi le droit de faire ces sortes d'actes ; le cédant qui peut *exécuter* doit, à *fortiori*, pouvoir *conserver* ce droit d'exécuter. mais rien n'empêche qu'ils aient tous les deux cette faculté ; car au cas d'un contrat sous condition, le créancier comme le débiteur peuvent faire des actes conservatoires (1180 Code Nap.). Or, ici le cessionnaire est au moins un créancier, sous la condition de la signification, il a même un quasi-droit de propriété sur la créance : il doit pouvoir prendre les mesures nécessaires pour empêcher qu'elle ne périclite.

On peut se demander si le cessionnaire doit, pour jouir vis-à-vis de tous de l'hypothèque ou du privilége cédé, prendre inscription en son nom personnel, comme a dû le faire le créancier qui a obtenu l'hypothèque ou acquis le privilége? Les art. 1690 et 92 investissent le cessionnaire des droits du cédant, sans aucune formalité autre que la signification du transport, il aura donc tout le bénéfice qui résultera de l'hypothèque, sans autre formalité (Art. 2112). Mais il devra, pour se garantir de la fraude du cédant et des droits du tiers détenteur, faire mentionner dans l'inscription prise au nom du cédant la cession qui lui a été consentie; et si celui-ci n'a pas pris d'inscription, en requérir une en son nom.

Quand le cessionnaire voudra ainsi prendre ou renouveler inscription en son nom, il lui suffira, selon nous, de représenter un acte de cession sous seing privé. Car si l'article 2148 exige, pour la prise d'inscription, l'apport d'un acte authentique, ce n'est que relativement au fait qui donne lieu à l'hypothèque : la loi veut éviter qu'on puisse inscrire sur des immeubles des hypothèques qui n'existent pas, mais elle n'exige pas un acte authentique pour constater l'identité de celui qui se présente comme créancier hypothécaire. D'ailleurs ne voit-on pas souvent une inscription prise conformément à la loi, en vertu d'un acte sous seing privé, comme cela arrive, par exemple, au vendeur d'immeubles par acte privé? Obliger le cessionnaire à produire un acte authentique, ce serait, la plupart du temps, le priver du bénéfice de l'art. 1582, de choisir entre la cession par acte privé ou par acte public. Il ne faut pas punir le cessionnaire de la négligence de son cédant, qui s'est laissé prendre le titre constitutif de la créance. On objecte que l'art. 2152 exige, pour changer le domicile élu par le créancier dans l'inscription par lui prise, que le cessionnaire soit muni d'un acte authentique. Nous répondons qu'il est facile de concevoir que pour modifier une position acquise par le créancier, on exige de celui qui se prétend son ayant cause la preuve authentique de son droit; mais dans notre hypothèse il s'agit de prendre une inscription non prise, ou d'en renouveler une existante, mais non de modifier celle prise par le créancier : la situation est moins grave. Le cessionnaire par acte privé aura donc, à notre avis, le droit de faire ces actes, sauf au créancier hypothécaire à les faire tomber en réclamant à temps.

Quand un créancier privilégié cède son droit à divers successivement, tous ces cessionnaires concourent, et ne peuvent se prévaloir respectivement de la date de leurs titres, car les priviléges s'estiment *causa* et non *tempore*; et l'art. 2097 dit que tous les priviléges qui sont dans le même rang concourent.

5° Le cédant peut, malgré l'immoralité d'un pareil acte, vendre valablement la créance à un deuxième cessionnaire. Et si celui-ci fait signifier avant le premier, il sera préféré, lors même que le premier acheteur aurait été nanti des titres : car cette remise des titres n'a d'effet qu'entre les parties ; la délivrance, à l'égard des tiers, n'a lieu que par la signification (Bord., 21 août 1831). Elle seule règle la possession. On peut apprécier ici toute l'importance de la dérogation que nos articles ont faite en matière de créances à l'article 2279.

6° Les créanciers du cédant peuvent saisir-arrêter la créance cédée au préjudice du cessionnaire qui n'a pas encore signifié, et cela quand même leur droit serait né postérieurement à la cession, puisque pour eux, tant que la signification n'a pas eu lieu, la créance est censée reposer encore sur la tête du cédant et demeure le gage de tous ses créanciers : tous, antérieurs ou postérieurs à la cession, sont pour le cessionnaire des *tiers* pour opposer le défaut de signification.

7° Le débiteur, valablement libéré par un payement fait au cédant postérieurement à la cession, peut opposer sa libération aux poursuites ultérieures du cessionnaire. Il peut également se prévaloir contre lui de toute autre cause d'extinction, compensation ou autre, même de toute présomption de libération acquise en sa faveur contre le cédant avant la signification. Ainsi, il peut lui opposer les jugements rendus contre le cédant et l'exception de la chose jugée. Et le cessionnaire ne pourrait les attaquer par voie de tierce-opposition ; l'ayant cause n'a ce recours qu'à l'égard des jugements rendus contre son auteur avant la vente. Or, avant la signification, il n'y a pas vente à l'égard du débiteur. D'ailleurs, si le débiteur avait payé au cédant, il serait valablement libéré; il en doit être de même s'il est libéré par l'effet d'un jugement (Cassation, 19 juill. 1816).

8° La compensation ne s'établit pas, avant la signification, entre le cessionnaire et le débiteur cédé (Paris, 28 février 1825); car, pour qu'il y ait compensation, il faudrait que celui-ci fût débiteur du cessionnaire : or, il est pour lui un *tiers* complétement étranger avant l'accomplissement de cette formalité.

Voilà quelles sont les conséquences pour le cessionnaire du défaut d'accomplissement des formalités que la loi lui prescrit pour être investi de la propriété à l'égard de tous.

Examinons maintenant la situation après la signification ou l'acceptation.

1° Elle fait passer sur la tête du cessionnaire, d'une *manière absolue*, tous les droits du cédant, avec toutes ses prérogatives, les fruits et les arrérages échus depuis la cession, sauf ceux toutefois que les créanciers du cédant peuvent, en qualité de tiers, avoir fait saisir à leur profit (Ferrières, n°ˢ 6 et 11 ; Lamoignon, t. 1, p. 139, n° 5).

2° Le débiteur ne peut plus payer au cédant, sans s'exposer à payer une deuxième fois au cessionnaire.

Il doit, dès l'instant de la signification, exciper des quittances qu'il a reçues du cédant, quand elles seront sous seing privé et n'auront pas acquis date certaine; sinon, il ne sera reçu à alléguer qu'il a payé des à-compte. Telle était l'opinion adoptée par Charondas (*Observ.*, v° *Cession*); Ferrières (sur 104, Paris, § 1, n° 25); Bourjon (tome 1, p. 466, n° 10).

Ce système est, de tous ceux qui ont été émis, celui qui concilie le mieux le principe de l'art. 1328 avec l'intérêt des débiteurs, qu'il serait injuste de forcer à prendre, dans tous les cas où ils font un payement, quelque minime qu'il soit, des quittances authentiques. C'est par les mêmes raisons qu'on décide qu'une contre-lettre, dont le débiteur serait porteur, et qui contiendrait déclaration du cédant que la créance est simulée, n'aurait aucun effet contre le cessionnaire (art. 1321), et nous doutons qu'on admît le tempérament de l'ancien droit que Bourjon nous fait connaître (t. I, p. 466, n° 12) et qui consistait à distinguer si cette contre-lettre était notifiée incontinent après la signification ou ultérieurement. Il n'y a pas de raison ici de faire cette distinction.

Mais, à part ces modifications, les droits du débiteur restent à l'égard du cessionnaire ce qu'ils étaient à l'égard du cédant.

Ainsi, il peut opposer la compensation opérée depuis la cession jusqu'à la signification entre lui et le cédant, à moins, toutefois, qu'il n'ait accepté la cession purement et simplement, même par acte sous seing privé. Par là, il aurait renoncé à se prévaloir de toutes les exceptions qu'il eût pu opposer (1295). D'ailleurs, ce n'est qu'une application de l'art. 1165 et de 1322. Et en cas de contestation sur le fait d'acceptation, le cessionnaire pourra lui déférer le serment, le faire interroger sur faits et articles, et même prouver par témoins l'acceptation verbale, si la somme ne s'élève pas au delà de 150 fr.

A fortiori, le débiteur ne pourrait-il plus payer au cédant ni compenser avec lui, ni opposer au cessionnaire aucune exception du chef du cédant, s'il est intervenu à la cession, et a accepté le transport, sans faire de réserve. Et si cet acte de cession est authentique, le cessionnaire se trouve par là investi, même à l'égard des tiers, au même moment où il l'est à l'égard du cédant.

3° La signification, à l'égard des créanciers qui ont fait antérieurement saisie-arrêt, vaut saisie-arrêt. Ce cessionnaire a donc le droit de se présenter à eux, non pas comme cessionnaire, puisque la signification est postérieure à ces oppositions, mais comme créancier du cédant, pour toute la somme que celui-ci lui doit en vertu de son obligation de garantie. On comprend facilement cet effet de la signification ; car faite avec la pensée de créer à l'acheteur un titre exclusif à la propriété de la créance, elle doit au moins lui servir à venir en concurrence avec ceux qui prétendent un droit à cette créance, sans préjudice toutefois des priviléges que pourraient invoquer tels ou tels créanciers, en vertu de l'art. 2101.

4° Cette signification, qui ne vaut que comme saisie à l'égard des opposants antérieurs, empêche toute opposition ultérieure de produire aucun résultat. En effet, elle dessaisit le cédant; c'est donc en vain que ses créanciers viendront désormais exercer des droits qui ne lui appartiennent plus. Ces opposants retardataires ne pourront même exercer aucun recours contre ceux dont les oppositions seraient antérieures à la signification. Ce n'est pas que la priorité d'une saisie donne un droit de préférence à celui qui l'a faite. En général même une première saisie n'a d'autre conséquence que de mettre la créance sous la main de justice ; en sorte que les derniers saisissants pourront venir concourir avec les premiers. Mais il faut, pour qu'ils aient ce droit, qu'aucun événement ne soit venu dans l'intervalle enlever au débiteur commun la propriété de la créance. Or, si, par un payement ou une compensation, tout ce qui excède les causes de la première saisie a cessé d'appartenir à ce débiteur, l'opposition qui suivrait un de ces événements n'aurait aucune base et ne donnerait aucun droit au créancier qui l'a faite (Arg. art. 1242, 1298). Il en doit être de même de la signification, qui produit les mêmes effets relativement au cédant, débiteur commun ; et, en ce cas, il faut reconnaître que le premier saisissant a un droit exclusif sur ce qui reste entre les mains du débiteur, et ne doit admettre que le cessionnaire à concourir sur ces sommes avec lui.

Bien des systèmes se sont élevés sur la répartition à faire en cette hypothèse entre le cessionnaire d'une part, et les saisissants antérieurs et postérieurs à la signification, de l'autre. Selon nous, ils violent tous ce principe que le cédant est, par la signification, complétement dépouillé de la propriété de la créance à l'égard des tiers quels qu'ils soient, principe écrit dans l'art. 1690 et que nous devons respecter.

FIN.

POSITIONS.

DROIT ROMAIN.

I. Quand le fidéjusseur a détruit l'objet de l'obligation, le recours a lieu contre lui par l'action *ex stipulatu*.

II. En principe, dans la délégation faite *dotis causa*, les risques de l'insolvabilité du délégué sont pour la femme.

III. Le cessionnaire peut se prévaloir des *privilegia causæ*, mais non des *privilegia personæ* appartenant à son cédant.

IV. Quand le défendeur à l'action *in rem* a vendu la chose par nécessité, le revendiquant ne peut exiger de lui que la restitution du prix de vente.

V. Anastase et Justinien ont introduit le retrait pour toute espèce de créances, même pour celles non litigieuses.

DROIT FRANÇAIS.

DROIT CIVIL.

I. L'article 1700 doit être entendu restrictivement.

II. La nullité de l'article 1597 peut être opposée par le cédant et le cédé, mais non par le cessionnaire.

III. Le cessionnaire peut invoquer l'action en résolution de l'article 1654.

IV. L'hypothèque consentie pour un crédit ouvert prend rang à la date de son inscription.

V. La cession acceptée par le tuteur d'une créance contre son pupille est nulle, ne lui donne aucun recours contre son cédant et libère le mineur.

VI. La nullité n'est pas, en cas de dol, comme en cas de violence et d'erreur, opposable aux tiers acquéreurs.

VII. L'endossement transporte au cessionnaire les privilèges et les hypothèques comme la créance elle-même.

VIII. Le créancier du cédant, qui fait une saisie-arrêt postérieurement à la signification de la cession faite par le cédant, fait un acte complétement nul.

IX. Le débiteur doit, dès l'instant de la signification, exciper des quittances qu'il a reçues du cédant quand elles n'ont pas date certaine.

DROIT CRIMINEL.

I. L'action publique et l'action civile se prescrivent par le même laps de dix ans écoulés sans poursuites.

II. Lors même que le prévenu a été acquitté en première instance, le tribunal d'appel peut revenir sur les faits du délit, et, accorder des dommages et intérêts à la partie civile appelante, en vertu de l'art. 202 2ᵉ Inst. crim.

DROIT PUBLIC ET HISTOIRE DU DROIT.

I. Les tribunaux français n'ont pas la mission de réviser entièrement les jugements rendus à l'étranger.

II. Les conseils de préfecture sont compétents dans tous les cas spécialement prévus, et, en outre, dans tous les cas où les anciens conseils de département étaient compétents.

III. Le droit celtique est entré pour une bien faible part dans la composition de notre droit.

Vu par le président de la Thèse,
ROUSTAIN.

Vu par le doyen de la Faculté,
A. PELLAT.

Permis d'imprimer.
Pour le vice-recteur en tournée : l'inspecteur de l'Académie,
DELALLEAU.

TYPOGRAPHIE HENNUYER, RUE DU BOULEVARD, 7, BATIGNOLLES.
Boulevard extérieur de Paris.

TYPOGRAPHIE HENNUYER, RUE DU BOULEVARD, 7, BATIGNOLLES
Boulevard extérieur de Paris

www.ingramcontent.com/pod-product-compliance
Ingram Content Group UK Ltd.
Pitfield, Milton Keynes, MK11 3LW, UK
UKHW022315070726
13614UKWH00002B/753